Kompendium

Satellitennavigation mit standardisierten Positionsnamen bei Wanderungen
Diskrete Protokollierung von Wegstrecken im weglosen Gelände

Band 2

AF220903

Für meinen Freund Harald

WOLFGANG P. NIEDER

SATELLITENNAVIGATION MIT STANDARDISIERTEN POSITIONSNAMEN BEI WANDERUNGEN

DISKRETE PROTOKOLLIERUNG VON WEGSTRECKEN IM WEGLOSEN GELÄNDE

BAND 2

Bibliografische Information der Deutschen Nationalbibliothek:
Die Deutsche Nationalbibliothek verzeichnet diese Publikation in der Deutschen Nationalbibliografie; detaillierte bibliografische Daten sind im Internet über www.dnb.de abrufbar.

Die in diesem Kompendium beschriebene Methode wurde vom Autor entwickelt und erprobt. Alle Angaben wurden nach bestem Wissen erstellt und überprüft. Gleichwohl sind – wie im Sinne des Produkthaftungsrechts zu betonen ist – inhaltliche Fehler nicht vollständig auszuschließen. Daher erfolgen die Angaben ohne jegliche Verpflichtung oder Garantie des Autors. Der Autor übernimmt keinerlei Verantwortung und Haftung für etwaige inhaltliche Unstimmigkeiten.

Verbesserungsvorschläge und Korrekturhinweise werden gerne berücksichtigt und können an die folgende E-Mail-Adresse geschickt werden: **rando-precise@web.de**

Lektorat: Dipl. Inform. (FH) Harald Gran
Korrektorat: Paul Trautmann

Herstellung und Verlag: BoD - Books on Demand, Norderstedt

ISBN: 978-3-7543-9715-2

INHALTSVERZEICHNIS

EINLEITUNG

Eine verblüffend einfache Idee mit erstaunlicher Wirkung war ausschlaggebend für die Entwicklung einer Methode, die neben den klassischen Funktionen eines Empfängers für globale Navigationssatellitensysteme (GNSS-Empfänger*) bei der Orientierung im Gelände assistiert, um eine Wanderung möglichst ohne hinderliche Kurskorrekturen durchführen zu können. Zeitraubende Umwege oder überflüssiges Umkehren lassen sich damit an kritischen Positionen effizient vermeiden. Dieses Kompendium beschreibt ein praktikables und erprobtes Verfahren, das in Verbindung mit einem GNSS-Empfänger* die Orientierung während einer Wanderung im weglosen Gelände durch ein zusätzliches Navigationsschema optimal ergänzt. Dies wird mit einem strukturierten Satz standardisierter Positionsnamen für Wegpunkte erreicht, der in Kombination mit einer Route und einer Kursaufzeichnung (Track-Log) benutzt werden kann. Die standardisierten Positionsnamen** liefern die navigations- und positionsrelevanten Informationen.

Aus Gründen der besseren Lesbarkeit wird auf die gleichzeitige Verwendung der Sprachformen männlich, weiblich und divers (m/w/d) verzichtet und das generische Maskulinum verwendet. Sämtliche Personenbezeichnungen gelten gleichermaßen für alle Geschlechter.

1 VERFAHREN

Das Verfahren definiert eine transparente Schnittstelle (Interface) zwischen der Wegstreckenprotokollierung (Scouting) und dem Wanderer als Anwender und basiert auf markierten Wegpunkten[**]. Ein Wegpunkt[**] (Waypoint, Point of Interest, Checkpoint) identifiziert eine eindeutige Position auf der Erde und setzt sich aus seinen Positionskoordinaten[**] (geografischen Koordinaten) und einem zugeordneten Positionsnamen[**] zusammen. Während die Darstellung der Positionskoordinaten[**] durch das Positionsformat des benutzten Kartengitters bestimmt wird, ist der Positionsname[**] bei handelsüblichen GNSS-Empfängern[*] frei wählbar. Dadurch ergibt sich die Möglichkeit, den Positionsnamen[**] mittels einer prägnanten Syntax als Navigationshilfe heranzuziehen, die über eine rein numerische oder informelle Wegpunktesequenz hinausgeht.

Während der Wegstreckenprotokollierung werden mit einem GNSS-Empfänger[*] an navigationsrelevanten und exponierten Positionen die Positionskoordinaten[**] für eine Wegstrecke gemessen und jeweils mit einem durch das Verfahren standardisierten Positionsnamen[**] zu Wegpunkten[**] ergänzt. Die Semantik der standardisierten Positionsnamen[**] informiert über die zusätzlichen elementaren Orientierungshinweise. Das Resultat ist ein strukturierter Satz standardisierter Positionsnamen für Wegpunkte, der im Folgenden als Wegpunktesatz (Set of Waypoints) bezeichnet wird. Die Wegpunkte[**] dokumentieren diskret eine Wegstrecke und können in der korrespondierenden Wanderrichtung zu einer Route verkettet werden. Steht einem Wanderer neben der Route und der Kursaufzeichnung (Track-Log) auch ein Wegpunktesatz zur Verfügung, dann wird er während der Wanderung durch ein dreistufiges Navigationsmodell unterstützt. Ferner besteht die Möglichkeit, einen Wegpunktesatz mit Varianten zu erweitern.

Dieses Kompendium definiert und interpretiert die Navigationskomponenten für die Wegstreckenprotokollierung querfeldein verlaufender Wegstrecken oder Wegstreckenabschnitte. Es basiert auf dem Kompendium 'Satellitennavigation mit standardisierten Positionsnamen bei Wanderungen - Band 1', das die Wegstreckenprotokollierung realer Streckentypen behandelt.

Die Anwendung des Verfahrens setzt einen GNSS-Empfänger[*] und elementare Kenntnisse im Umgang mit Wegpunkten[**], Routen und Kursaufzeichnungen voraus. Das Gerät muss für Wegpunkte[**] eine freie Namenszuordnung erlauben. Eine gut lesbare Darstellung der Namen auf der Geräteanzeige (Display) ist obligatorisch. Der Leistungsumfang sollte Funktionen enthalten, die einen automatischen Datenaustausch mit einem

Computer unterstützen. Eine manuelle Dateneingabe reicht theoretisch zwar aus, ist jedoch sehr zeitaufwendig und fehleranfällig.

Das Verfahren ist unabhängig davon, von welchem globalen Navigationssatellitensystem (Global Navigation Satellite System) ein GNSS-Empfänger[*] Signale verarbeitet. Auf eine Einführung in ein globales Navigationssatellitensystem und eine allgemeine Funktionsbeschreibung eines GNSS-Empfängers[*] wird daher bewusst verzichtet. Beide Themen werden als bekannt vorausgesetzt. Derzeit bestehen folgende Satellitensysteme:

- NAVSTAR GPS (Navigational Satellite Timing and Ranging - Global Positioning System) der Vereinigten Staaten
- GLONASS (Global Navigation Satellite System) der Russischen Föderation
- Galileo der Europäischen Union
- Beidou (China)

Eine aktuelle Übersicht der auf dem Markt erhältlichen GNSS-Empfänger[*] ist aufgrund der Produktvielfalt und der permanent erscheinenden Produktneuheiten im Rahmen dieses Kompendiums nicht zweckdienlich und sollte vielmehr der einschlägigen Literatur entnommen werden.

Das Kompendium behandelt im Kapitel 6 die syntaktischen Elemente und die Navigationskomponenten. Die syntaktischen Elemente dienen zur Konstruktion der Navigationskomponenten und liefern für deren Notation das zulässige Vokabular. Mit den Navigationskomponenten werden querfeldein verlaufende Wegstrecken oder Wegstreckenabschnitte diskret abgebildet. Die Bezeichnungen der syntaktischen Elemente werden im Text mit ihrer in der Syntax benutzten Abbreviatur ergänzt. Die Abbreviatur wird kursiv dargestellt und steht in Klammern hinter der Bezeichnung. Wenn eine Abbreviatur in der Syntax unterstrichen ist, dann ist ihre Notation optional (siehe Appendix A.1).

Bei den grafischen Darstellungen werden die folgenden Symbole verwendet:

■	- **Wegpunkt**
▬	- **Wegstrecke (realer Streckentyp)**
▪▪▪	- **Wegstrecke (querfeldein)**
•••	- **Unbestimmte Distanz**
➜	- **Wanderrichtung**
00-AP	- **Positionsname**

Das Verkehrszeichen „Gefahrstelle" ($\triangle$) weist auf besondere Verfahrensrichtlinien hin, hebt spezielle Interpretationsregeln hervor und warnt vor möglichen Verwechslungen. Sind Stichworte unterstrichen, dann sind sie an anderer Stelle näher erklärt. Befindet sich hinter einem Stichwort oder einer sinngemäß zusammenhängenden Wortgruppe ein Sternchen[*], dann ist dafür ein Eintrag im Glossar zu finden. Ein Stichwort oder eine sinngemäß zusammenhängende Wortgruppe mit zwei Sternchen[**] wird im Kompendium 'Satellitennavigation mit standardisierten Positionsnamen bei Wanderungen - Band 1' detailliert behandelt. Die Basisrestriktionen[*] werden von dem Verfahren bei querfeldein verlaufenden Wegstrecken beziehungsweise bei Wegstrecken mit einem oder mehreren querfeldein verlaufenden Wegstreckenabschnitten nicht mit einer restriktiven Syntax unterstützt. Typologien mit skurrilen Tendenzen[*] werden nicht berücksichtigt.

3   QUERFELDEIN

Protokollierte Wegstrecken setzen sich in weglosem Gelände aus querfeldein verlaufenden Streckentypen und Verzweigungen zusammen. Die Orientierung wird gewährleistet, indem auf einer querfeldein verlaufenden Wegstrecke geeignete Wegpunkte[**] (Waypoints) in adäquaten Distanzen gesetzt, exponierte Standorte, die sich zuverlässig anvisieren lassen, markiert und Positionen, an denen querfeldein verlaufende Wegstrecken verzweigen, gekennzeichnet werden. Ein querfeldeinverlaufender Streckentyp verbindet zwei navigationsrelevante Positionen miteinander. Navigationsrelevante Positionen weisen auf einer querfeldein verlaufenden Wegstrecke keine wahrnehmbaren strukturellen Eigenschaften auf und werden ausschließlich über Wegpunkte[**] in Kombination mit positionsrelevanten Merkmalen lokalisiert. Die Genauigkeit der Positionsbestimmung hängt somit von der Qualität des eingesetzten GNSS-Empfängers[*] und der Güte der empfangenen Satellitensignale ab. Eine notdürftige Navigation ohne Satellitenempfang ist bei querfeldein verlaufenden Streckentypen nicht möglich. Folglich sind bei Wanderungen mit querfeldein verlaufenden Streckentypen generell grundlegende Kenntnisse der Wegstrecke empfehlenswert. Eine Wegstrecke kann sich aus realen Streckentypen und querfeldein verlaufenden Streckentypen zusammensetzen.

4 VERZWEIGUNG

Eine Verzweigung belegt eine Position, an der sich eine Wegstrecke nicht kontinuierlich fortsetzt, weil mindestens zwei Wegstreckenoptionen existieren, die unabhängig voneinander weiterführen. Eine Verzweigung setzt sich aus mindestens zwei Streckentypen zusammen. Je höher die Anzahl der Streckentypen ist, desto größer ist die Komplexität einer Verzweigung. Die strukturelle Eigenschaft einer Verzweigung wird durch die realen Streckentypen bestimmt. Während die Wahrnehmung der strukturellen Eigenschaft einer Verzweigung bei allen Passagen identisch ist, erhöht sich ihre Komplexität infolge der differenten Wahrnehmung in Abhängigkeit von den bei einer Passage genutzten querfeldein verlaufenden Streckentypen. Die differente Wahrnehmung beruht darauf, dass querfeldein verlaufende Streckentypen nur dann erkannt werden, wenn sie in eine protokollierte Wegstrecke integriert sind.

4.1 KLASSISCHE VERZWEIGUNG

Abzweigungen, Kreuzungen und Wegspinnen werden als klassische Verzweigungen bezeichnet. Sie weisen im Gelände wahrnehmbare strukturelle Eigenschaften auf. Die wahrnehmbare strukturelle Eigenschaft einer Abzweigung setzt sich aus drei, die einer Kreuzung aus vier, und die einer Wegspinne aus mehr als vier realen Streckentypen zusammen. Eine klassische Verzweigung, an der ein oder mehrere querfeldein verlaufende Streckentypen auftreten, wird komplexe Abzweigung, komplexe Kreuzung oder komplexe Wegspinne genannt. Sie werden zusammenfassend als komplexe klassische Verzweigungen bezeichnet.

4.2 NAVIGATIONSMARKE

Eine Navigationsmarke markiert eine Verzweigung, die sich aus zwei realen Streckentypen zusammensetzt und weist im Gelände keine wahrnehmbare strukturelle Eigenschaft auf. Wenn an einer Navigationsmarke ein oder mehrere querfeldein verlaufende Streckentypen auftreten, dann wird sie als komplexe Navigationsmarke bezeichnet.

4.3 TERMINATION

Eine Termination kennzeichnet das Ende eines terminierenden realen Streckentyps und weist im Gelände eine wahrnehmbare strukturelle Eigenschaft auf. Wenn an einer Termination ein oder mehrere querfeldein verlaufende Streckentypen auftreten, dann markiert sie eine Verzweigung und wird als komplexe Termination bezeichnet.

4.4 VIRTUELLE VERZWEIGUNG

Eine virtuelle Verzweigung kommt nur im weglosen Gelände vor. Sie weist keine strukturelle Eigenschaft auf und besteht aus mindestens zwei und ausschließlich aus querfeldein verlaufenden Streckentypen.

5 RICHTUNGSANGABE BEI QUERFELDEIN

Ein querfeldein verlaufender Streckentyp beginnt entweder am Ausgangspunkt, an einer komplexen Verzweigung oder an einer virtuellen Verzweigung. Er endet, wenn er eine komplexe Verzweigung, eine virtuelle Verzweigung oder den Endpunkt beziehungsweise den Ausgangspunkt einer Wegstrecke erreicht. Beginnt eine Wegstrecke am Ausgangspunkt mit einem querfeldein verlaufenden Streckentyp, dann wird die Basisspezifikation[**] mit einem navigationsrelevanten Merkmal als Kommentar (K)[**] ergänzt, das die einzuschlagende Richtung im Gelände bestimmt. Als navigationsrelevantes Merkmal werden entweder das entsprechende Vokabular der Himmelsrichtungen oder der zutreffende Kurswinkel verwendet. Eine Wegstrecke, die keine skurrilen Tendenzen[*] aufweist, terminiert am Endpunkt. Folglich ist ein navigationsrelevantes Merkmal als Kommentar (K)[**] mit Bezug auf einen querfeldein verlaufenden Streckentyp am Endpunkt irrelevant.

Wenn eine komplexe Verzweigung auf einem querfeldein verlaufenden Streckentyp erreicht und auf einem realen Streckentyp verlassen wird, dann ist als Richtungsangabe das entsprechende Vokabular der Elementarrichtungen (R)[**], gegebenenfalls in Kombination mit einer Abbiegungsnummer (A)[**], zu notieren. An einer komplexen Termination wird unabhängig von dem geografischen Verlauf im Gelände immer die Elementarrichtung „G" verwendet. An einer komplexen Navigationsmarke werden die Elementarrichtungen „R" und „L" notiert. An einer komplexen Abzweigung ist die Notation der Elementarrichtungen „G", „R" und „L" zulässig. An einer asymmetrischen komplexen Abzweigung[*] geben die Elementarrichtungen „R" und „L" bei der Ermittlung des weiterführenden realen Streckentyps die Zählrichtung an und werden mit einer Abbiegungsnummer (A)[**] ergänzt.

24-AL2

An einer komplexen Kreuzung oder an einer komplexen Wegspinne werden die Elementarrichtungen „R" und „L" immer in Kombination mit einer Abbiegungsnummer (A)[**] notiert. Die Elementarrichtung „G" ist an einer repetierend genutzten komplexen Wegspinne zulässig, wenn bei einer Passage auf einer realen Wegstrecke die dafür notwendigen Bedingungen eingehalten werden. Eine Abbiegungsnummer (A)** bezieht sich auf die strukturelle Eigenschaft einer Verzweigung und somit sind bei der Wegstreckenprotokollierung (Scouting) beziehungsweise bei der Anwendung (Wanderer) ausschließlich reale Streckentypen zu berücksichtigen (△).

Wenn eine komplexe Verzweigung oder eine virtuelle Verzweigung auf einem querfeldein verlaufenden Streckentyp verlassen werden, dann ist als Richtungsangabe der zutreffende <u>Kurs</u> (M) zu notieren. Als Kurs (M) werden entweder das entsprechende Vokabular der Himmelsrichtungen oder ein Kurswinkel verwendet (siehe Appendix A.2).

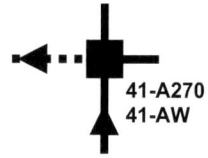

Das Verfahren unterstützt eine Richtungssequenz, wenn auf einer protokollierten Wegstrecke navigationsrelevante Positionen in Sichtweite hintereinander liegen und separate Wegpunkte** (Waypoints) auf der Geräteanzeige (Display) eines GNSS-Empfängers* die Übersichtlichkeit einschränken oder die Handhabung erschweren. In einer Richtungssequenzzone werden bei realen Streckentypen die Entfernungen zwischen zwei benachbarten navigationsrelevanten Positionen durch die wahrnehmbaren strukturellen Eigenschaften der <u>klassischen Verzweigungen</u> bestimmt. Im weglosen Gelände weisen die navigationsrelevanten Positionen keine wahrnehmbaren strukturellen Eigenschaften auf. Damit die Entfernung zwischen zwei benachbarten navigationsrelevanten Positionen ohne wahrnehmbare strukturelle Eigenschaften bestimmt werden kann, müssen sie identifizierbar sein. Eine navigationsrelevante Position ohne wahrnehmbare strukturelle Eigenschaft ist identifizierbar, wenn sie mit einem Wegpunkt** markiert ist oder mit einem <u>Distanzindikator</u> (D) lokalisiert werden kann. Ein Distanzindikator (D) gibt die Entfernung zwischen einer Bezugsposition und einer navigationsrelevanten Position ohne wahrnehmbare strukturelle Eigenschaft an. Eine Bezugsposition weist entweder eine wahrnehmbare strukturelle Eigenschaft auf oder ist identifizierbar. Sie liegt in Wanderrichtung vor der benachbarten navigationsrelevanten Position ohne wahrnehmbare strukturelle Eigenschaft. Ein Distanzindikator (D) wird mit einem Doppelpunkt als Trennzeichen eingeleitet und hinter dem einzuschlagenden

Kurs (*M*) der navigationsrelevanten Position ohne wahrnehmbare strukturelle Eigenschaft notiert.

Das Vokabular der Elementarrichtungen $(R)^{**}$, das Vokabular der Elementarrichtungen $(R)^{**}$ in Kombination mit einer Abbiegungsnummer $(A)^{**}$, ein Kurs (*M*) und ein Kurs (*M*) in Kombination mit einem Doppelpunkt als Trennzeichen und einem Distanzindikator (*D*) werden als Navigationsindikatoren (*S*) bezeichnet. Die Notation eines Navigationsindikators (*S*) wird von dem weiterführenden Streckentyp bestimmt.
Eine Richtungssequenz setzt sich aus den Navigationsindikatoren (*S*) der von der Richtungssequenz erfassten navigationsrelevanten Positionen zusammen. Sie wird abgeschlossen, sobald die Entfernung zu der Position des initiierenden Navigationsindikators (*S*) ausreicht, den nächsten Positionsnamen** auf der Geräteanzeige problemlos darzustellen. Die Ausdehnung einer Richtungssequenzzone wird durch die Entfernungen zwischen den navigationsrelevanten Positionen bestimmt. Im weglosen Gelände ist bei der Notation einer Richtungssequenz zu berücksichtigen, dass sich während der Navigation Diskrepanzen kumulieren können. Wird eine navigationsrelevante Position über einen Wegpunkt** lokalisiert, dann hängt die Genauigkeit der Positionsbestimmung von der Qualität des eingesetzten GNSS-Empfängers* und der Güte der empfangenen Satellitensignale ab. Geringfügige Kursabweichungen lassen sich bei der Navigation somit kaum vermeiden und die bei der Wegstreckenprotokollierung (Scouting) mit einem Distanzindikator (*D*) taxierten Entfernungen werden bei der Anwendung (Wanderer) lediglich abgeschätzt. Wenn derartige Konstellationen in einer Richtungssequenzzone auftreten, dann ist bei der Wegstreckenprotokollierung (Scouting) auf anvisierbare Geländemerkmale zu achten, um Missverständnisse bei der Anwendung (Wanderer) möglichst auszuschließen (△).
Wenn an einer Position reale Streckentypen und querfeldein verlaufende Streckentypen zusammentreffen, dann gilt die folgende triviale Wechselbeziehung: Eine Position, die auf einem realen Streckentyp erreicht wird, schließt den Beginn eines querfeldein verlaufenden Streckentyps in

umgekehrter Wanderrichtung aus. Analog schließt sich der Beginn eines realen Streckentyps in umgekehrter Wanderrichtung aus, wenn eine Position auf einem querfeldein verlaufenden Streckentyp erreicht wird. Wird eine Wegstrecke an einer Position in umgekehrter Wanderrichtung fortgesetzt, dann wird bei einem realen Streckentyp mit der Elementarrichtungen „Z" und bei einem querfeldein verlaufenden Streckentyp mit dem zutreffenden Kurs (*M*) darauf hingewiesen.

Insbesondere bei der Navigation im weglosen Gelände ist vor der Anfertigung eines Wegpunktesatzes (Set of Waypoints) festzulegen, ob sich das Vokabular der Himmelsrichtungen und die Kurswinkel auf geografisch Nord oder magnetisch Nord beziehen. Entsprechend sind die verwendeten Geräte (GNSS-Empfänger* / Bussole) vor der Wegstreckenprotokollierung (Scouting) beziehungsweise vor der Anwendung (Wanderer) einzustellen.

6   LOKALER POSITIONSNAME BEI QUERFELDEIN

Lokale Positionsnamen sind protokollierten Wegstrecken zugeordnet. Die Notation lokaler Positionsnamen setzt sich aus standardisierten, syntaktischen Elementen zusammen. Die syntaktischen Elemente liefern das für die Notation benötigte Vokabular und dienen der Konstruktion von Navigationskomponenten. Das Vokabular umfasst die für die Navigation, die Richtungsermittlung und die Positionsbestimmung benötigten Informationen. Das Verfahren unterstützt für querfeldein verlaufende Wegstrecken die folgenden syntaktischen Elemente:

- Vokabular der Verzweigungsarten (X)
- Kurs (M)
- Distanzindikator (D)

Die Navigationskomponenten sind konfektionierte Informationsträger, die eine diskrete Protokollierung einer Wegstrecke ermöglichen. Die folgenden Navigationskomponenten sind darauf abgestimmt, querfeldein verlaufende Wegstrecken flexibel realisieren zu können:

- Komplexer Verzweigungstyp
- Komplexer Verzweigungstyp mit Richtungssequenz
- Kurspunkt
- Komplexer Repetiertyp
- Virtueller Repetiertyp
- Komplexer Variantentyp
- Virtueller Variantentyp
- Komplexe Variantenidentifikation

Die folgenden Navigationskomponenten werden bei der Protokollierung von realen Wegstrecken und querfeldein verlaufenden Wegstrecken verwendet:

- Basisspezifikation[**]
- Peilpunkt[**]
- Attraktion[**]
- Attraktion abseits der Wegstrecke[**]
- Einstiegspunkt[**]

Ein lokaler Positionsname setzt sich bei querfeldein verlaufenden Wegstrecken aus Klein- und Großbuchstaben, Ziffern, Leerzeichen, Plus- und Minuszeichen und Doppelpunkten zusammen. Die maximale Zeichenanzahl wird durch die technische Leistungsfähigkeit des benutzten GNSS-Empfängers[*] begrenzt (siehe Appendix A.1).

6.1   VOKABULAR DER VERZWEIGUNGSARTEN

Das Vokabular der Verzweigungsarten (X) dokumentiert auf einer protokollierten Wegstrecke die strukturelle Eigenschaft einer Verzweigung.

```
Verzweigungsart (X)  :=  {
                         Termination       =  T,
                         Navigationsmarke  =  M,
                         Abzweigung        =  A,
                         Kreuzung          =  K,
                         Wegspinne         =  W
                         }
```

Die strukturelle Eigenschaft einer Termination setzt sich aus einem, die
einer Navigationsmarke aus zwei, die einer Abzweigung aus drei, die
einer Kreuzung aus vier und die einer Wegspinne aus mehr als vier
realen Streckentypen zusammen.

6.2   KURS

Ein Kurs (*M*) bestimmt die Richtung eines querfeldein verlaufenden Streckentyps. Das Verfahren stellt für die Notation eines Kurses (*M*) das Vokabular der Himmelsrichtungen und Kurswinkel zur Verfügung (siehe Appendix A.2).

6.2.1   VOKABULAR DER HIMMELSRICHTUNGEN

Das Vokabular der Himmelsrichtungen umfasst die gängigen Abkürzungen einer Windrose mit 16er-Teilung.

Die Tabelle fasst das Vokabular der Himmelsrichtungen zusammen.

```
Kurs (M)  ⊃  {
              Norden          =    N,
              Nordnordost     =    NNO,
              Nordost         =    NO,
              Ostnordost      =    ONO,
              Osten           =    O,
              Ostsüdost       =    OSO,
              Südost          =    SO,
              Südsüdost       =    SSO,
              Süden           =    S,
              Südsüdwest      =    SSW,
              Südwest         =    SW,
              Westsüdwest     =    WSW,
              Westen          =    W,
              Westnordwest    =    WNW,
              Nordwest        =    NW,
              Nordnordwest    =    NNW
          }
```

Das Vokabular der Himmelsrichtungen ist eine echte Teilmenge (⊃) der Kurse (*M*).

6.2.2   KURSWINKEL

Der Kurswinkel (Richtungswinkel, Azimut oder Marschzahl) gibt die Richtung (Kurs) an, die von einer Position aus einzuschlagen ist. Der Kurswinkel wird zwischen der Nordrichtung und der Wanderrichtung (Marschrichtung) gemessen. Die Winkelmessung beginnt bei einer Kompassrose in Richtung Magnetisch-Nord. Die weitere Zählung erfolgt im Uhrzeigersinn (rechtsherum). Das Verfahren unterstützt eine Kompassrose mit einem Wertebereich von 0 bis 360 für den Vollwinkel in Grad (°).

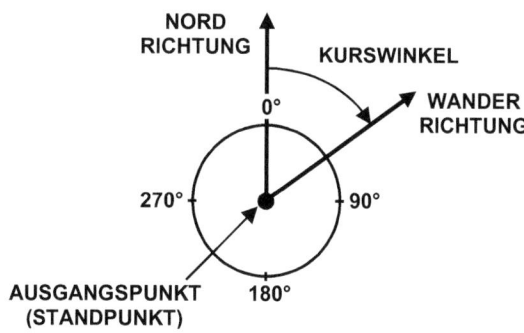

Ein Kurswinkel ist numerisch (natürliche Zahl) und maximal dreistellig. Er kann mit führenden Nullen notiert werden.

```
0 <= Kurswinkel <= 360
```

Um bei der Interpretation im deutschen Sprachraum Verwechslungen zwischen dem Kurswinkel „0" und dem „O" für Osten aus dem Vokabular der Himmelsrichtungen vorzubeugen, sollte der Kurswinkel „0" entweder als Kurswinkel mit führenden Nullen „000" oder der Kurswinkel „360" beziehungsweise „N" für Norden verwendet werden. Das „O" für Osten kann mit dem Kurswinkel „90" oder „090" ersetzt werden.

6.3 DISTANZINDIKATOR

Ein Distanzindikator (*D*) wird ausschließlich für die Navigation in einer Richtungssequenzzone verwendet und tritt immer in Kombination mit einem Kurs (*M*) auf. Er ist numerisch (natürliche Zahl) und zwei Zeichen lang. Die beiden Ziffern werden mit führenden Nullen notiert und geben die Länge eines Wegstreckenabschnitts in Meter an.

$$00 <= \text{Distanzindikator} <= 99$$

Der Distanzindikator (*D*) „00" regelt die Interpretation, wenn sich das Vokabular der Himmelsrichtungen bei einer Richtungssequenz nicht ketten lässt. Ein Distanzindikator (*D*) zwischen „01" und „99" gibt die Entfernung zwischen einer Bezugsposition und einer navigationsrelevanten Position ohne wahrnehmbare strukturelle Eigenschaft an. Eine Bezugsposition weist entweder eine wahrnehmbare strukturelle Eigenschaft auf oder ist identifizierbar. Sie liegt in Wanderrichtung vor der navigationsrelevanten Position ohne wahrnehmbare strukturelle Eigenschaft. Ein Distanzindikator (*D*) wird mit einem Doppelpunkt als Trennzeichen eingeleitet und hinter dem einzuschlagenden Kurs (*M*) der navigationsrelevanten Position ohne wahrnehmbare strukturelle Eigenschaft notiert.

Mit einem Distanzindikator (*D*) können Entfernungen bis zu 99 m festgelegt werden. Zwei benachbarte lokale Positionsnamen werden auf den Geräteanzeigen (Displays) der GNSS-Empfänger* bereits bei kürzeren Entfernungen übersichtlich dargestellt. Kürzere Entfernungen sind besser einsehbar und lassen sich bei der Orientierung im Gelände leichter abschätzen. Die Notation größerer Entfernungen ist somit in der Praxis nicht erforderlich.

6.4   KOMPLEXER VERZWEIGUNGSTYP

Ein komplexer Verzweigungstyp wird auf einer protokollierten Wegstrecke an einer komplexen Verzweigung notiert. Eine komplexe Verzweigung wird mit einem Wegpunkt** (Waypoint) markiert.

Syntax: N-XS±K

Die Notation wird mit einer Positionssequenznummer (N)** und einem Minuszeichen als Trennzeichen eingeleitet. Dahinter wird das entsprechende Vokabular der Verzweigungsarten (X) und der zutreffende Navigationsindikator (S) ergänzt. Die Notation eines komplexen Verzweigungstyps weist keinen Kurs (M) auf, wenn die navigationsrelevante Position auf einem realen Streckentyp verlassen wird. Optional kann hinter einem Pluszeichen als Trennzeichen ein Kommentar (K)** hinzugefügt werden. Eine Kommentarsequenz** ist möglich. Wenn die Wegstrecke auf einem querfeldein verlaufenden Streckentyp fortgesetzt wird, dann sind das Vokabular der Himmelsrichtungen oder ein Kurswinkel als Kommentar (K)** unzulässig (⚠).
Wird eine komplexe Verzweigung auf einem realen Streckentyp verlassen, dann wird für den weiterführenden realen Streckentyp das Vokabular der Elementarrichtungen (R)**, gegebenenfalls in Kombination mit einer Abbiegungsnummer (A)**, verwendet.

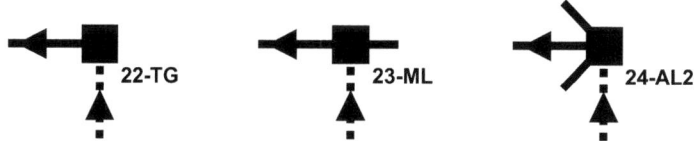

Wird eine komplexe Verzweigung auf einem querfeldein verlaufenden Streckentyp verlassen, dann wird für den weiterführenden querfeldein verlaufenden Streckentyp der zutreffende Kurs (M) notiert. Die Notation eines dreistelligen Kurswinkels mit führenden Nullen ist zulässig (siehe Appendix A.2).

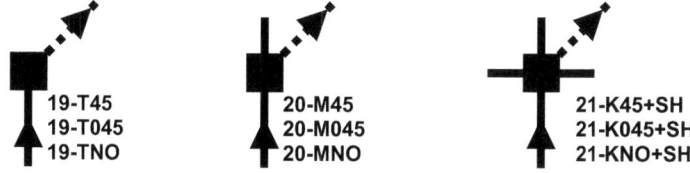

Eine komplexe Navigationsmarke weist im Gelände keine wahrnehmbare strukturelle Eigenschaft auf. Die Genauigkeit der Positionsbestimmung hängt somit von der Qualität des eingesetzten GNSS-Empfängers[*] und der Güte der empfangenen Satellitensignale ab (⚠).

Wenn eine querfeldein verlaufende Wegstrecke einen realen Streckentyp kreuzt oder tangiert, dann wird für den weiterführenden querfeldein verlaufenden Wegstreckenabschnitt der zutreffende Kurs (*M*) notiert.

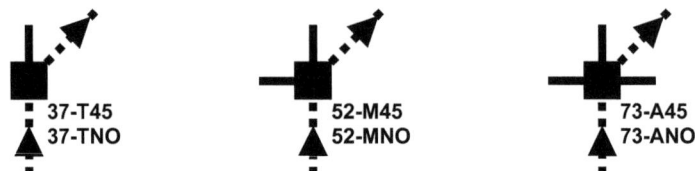

Wenn ein querfeldein verlaufender Streckentyp einen realen Streckentyp touchiert und die Wegstrecke in umgekehrter Wanderrichtung fortgesetzt wird, dann kann der Anwender (Wanderer) mit dem empfohlenen individuellen Kommentar „NAV" darauf hingewiesen werden, dass die Orientierung besondere Aufmerksamkeit erfordert.

6.5   KOMPLEXER VERZWEIGUNGSTYP MIT RICHTUNGSSEQUENZ

Ein komplexer Verzweigungstyp mit Richtungssequenz wird auf einer protokollierten Wegstrecke verwendet, wenn an einer klassischen Verzweigung, an einer Navigationsmarke oder an einer komplexen Termination navigationsrelevante Positionen in Sichtweite hintereinander liegen und separate Wegpunkte[**] (Waypoints) auf der Geräteanzeige (Display) eines GNSS-Empfängers[*] die Übersichtlichkeit einschränken oder die Handhabung erschweren. Die Notation setzt voraus, dass die erste navigationsrelevante Position einer Richtungssequenz auf einem querfeldein verlaufenden Streckentyp erreicht oder verlassen wird oder dass mindestens ein Kurs (M), gegebenenfalls mit einem Doppelpunkt als Trennzeichen und einem Distanzindikator (D), als Navigationsindikator (S) auftritt. Die erste navigationsrelevante Position wird mit einem Wegpunkt[**] markiert. Die Navigationsindikatoren (S) der von einer Richtungssequenz erfassten navigationsrelevanten Positionen werden in Wanderrichtung gekettet notiert. Die navigationsrelevanten Positionen müssen wahrnehmbare strukturelle Eigenschaften aufweisen oder lokalisierbar sein.

Syntax: $N\text{-}XS_1S_2S_3 \ldots S_n\text{+}K$

Die Notation wird mit einer Positionssequenznummer (N)[**] und einem Minuszeichen als Trennzeichen eingeleitet. Dahinter wird das entsprechende Vokabular der Verzweigungsarten (X) ergänzt. Das Vokabular der Verzweigungsarten (X)[**] der sich anschließenden navigationsrelevanten Positionen werden nicht notiert. Es folgt der zutreffende Navigationsindikator (S) der ersten navigationsrelevanten Position. Dahinter werden die zutreffenden Navigationsindikatoren (S) der sich anschließenden navigationsrelevanten Positionen in der durch die Wanderrichtung vorgegebenen Reihenfolge ergänzt. Die Notation eines komplexen Verzweigungstyps mit Richtungssequenz weist keinen Kurs (M) auf, wenn alle von der Richtungssequenz erfassten navigationsrelevanten Positionen auf realen Streckentypen verlassen werden. Das Vokabular der Himmelsrichtungen und Kurswinkel können in einer Richtungssequenz gemischt auftreten. Ein Kurswinkel wird in einer Richtungssequenz immer dreistellig mit führenden Nullen notiert. Das Vokabular der Himmelsrichtungen lässt sich nicht beliebig ketten (z. B.: „N" und „NW"). Ein Doppelpunkt als Trennzeichen mit dem Distanzindikator (D) „00" regelt die Interpretation. Optional kann hinter einem Pluszeichen als Trennzeichen ein Kommentar (K)[**] hinzugefügt werden. Eine Kommentarsequenz[**] ist möglich. Das Vokabular der

Himmelsrichtungen oder ein Kurswinkel als Kommentar $(K)^{**}$ beziehen sich bei einer Richtungssequenz auf die letzte navigationsrelevante Position. Wenn als letzter Navigationsindikator (S) ein Kurs (M) auftritt, dann sind das Vokabular der Himmelsrichtungen oder ein Kurswinkel als Kommentar $(K)^{**}$ unzulässig ($\triangle$).
Klassische Verzweigungen und komplexe Terminationen weisen im Gelände wahrnehmbare strukturelle Eigenschaften auf und lassen sich standardmäßig als Richtungssequenz ketten.

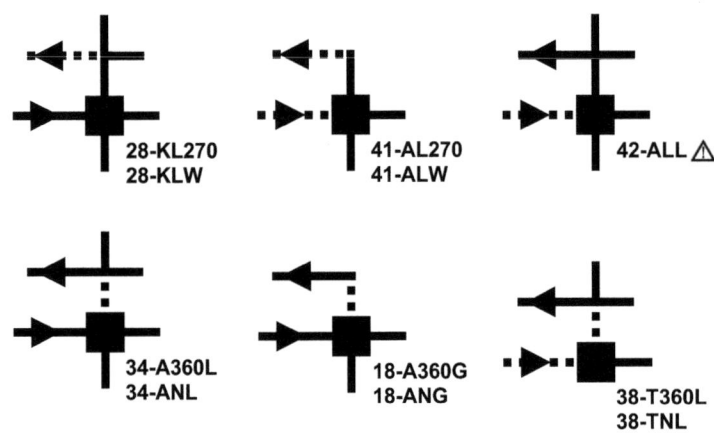

Wenn auf eine der Elementarrichtungen „R" oder „L" in Kombination mit einer Abbiegungsnummer $(A)^{**}$ ein einziger Kurswinkel folgt, dann sind die letzten drei Ziffern der Ziffernfolge als Kurswinkel zu interpretieren. Eine Abbiegungsnummer $(A)^{**}$ belegt hinter dem Vokabular der Elementarrichtungen $(R)^{**}$ maximal zwei Ziffern. Missverständnisse sind bei der Interpretation somit ausgeschlossen. Die Interpretation wird in diesen Fällen erleichtert, wenn anstatt eines Kurswinkels das Vokabular der Himmelsrichtungen verwendet wird.

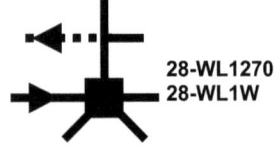

Eine komplexe Navigationsmarke liegt als erste navigationsrelevante Position einer Richtungssequenz auf einem realen Wegstreckenabschnitt und weist keine wahrnehmbare strukturelle Eigenschaft auf. Die Genauigkeit der Positionsbestimmung hängt somit von der

Qualität des eingesetzten GNSS-Empfängers* und der Güte der empfangenen Satellitensignale ab (△).

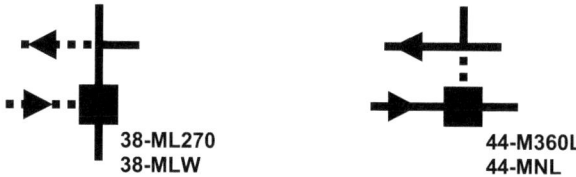

Wenn eine komplexe Navigationsmarke, die nicht als erste navigationsrelevante Position auftritt, auf einem querfeldein verlaufenden Streckentyp erreicht und auf einem der beiden realen Streckentypen fortgesetzt wird, dann beherbergt der reale Wegstreckenabschnitt zwangsläufig die Position des Treffpunkts. Tritt eine derartige Konstellation als letzte navigationsrelevante Position auf, dann ist für die weitere Navigation die exakte Position des Treffpunkts auf dem realen Wegstreckenabschnitt irrelevant. Eine gesicherte Positionsbestimmung kann erzielt werden, wenn in einer Richtungssequenzzone eine Verzweigung mit einer wahrnehmbaren strukturellen Eigenschaft existiert und in die Richtungssequenz der zu protokollierenden Wegstrecke integriert wird.

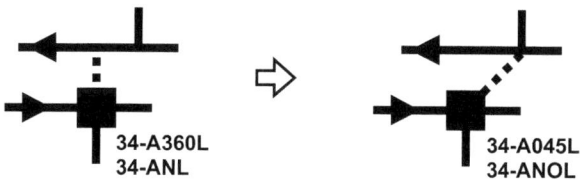

Wenn eine komplexe Navigationsmarke, die nicht als erste navigationsrelevante Position auftritt, auf einem der beiden realen Streckentypen erreicht und auf einem querfeldein verlaufenden Streckentyp fortgesetzt wird, dann ist der Einstiegspunkt mit dem zutreffenden Distanzindikator (*D*) zu lokalisieren. Ein Distanzindikator (*D*) wird mit einem Doppelpunkt als Trennzeichen eingeleitet und hinter dem am Einstiegspunkt einzuschlagenden Kurs (*M*) notiert.

Wenn bei der Notation einer Richtungssequenz mehrere Kurse (M) hintereinander auftreten, dann sind diverse Richtlinien bei der Interpretation zu beachten. Um eine Abbiegungsnummer $(A)^{**}$ zu isolieren, wird bei Kurswinkeln die betroffene Ziffernfolge von rechts nach links analysiert und in dreistellige Zifferngruppen zerlegt. Die Zifferngruppen werden dann von links nach rechts interpretiert. Das Vokabular der Himmelsrichtungen lässt sich nicht beliebig ketten (z. B.: „N" und „NW") und die Buchstabenanzahl des Vokabulars ist unterschiedlich. Die Buchstabenfolge wird von links nach rechts interpretiert. Die Interpretation erfasst maximal drei Buchstaben und endet früher, sobald die Buchstabenkombination nicht mehr mit dem Vokabular der Himmelsrichtungen übereinstimmt oder wenn ein Doppelpunkt als Trennzeichen mit dem Distanzindikator (D) „00" das Vokabular abschließt.

21-AN:00NW
21-ANNW ⚠

Die Interpretation kann gegebenenfalls erleichtert werden, wenn das Vokabular der Himmelsrichtungen und Kurswinkel abwechselnd notiert werden und als Abschluss das Vokabular der Himmelsrichtungen verwendet wird. Damit lassen sich irritierende Zeichenfolgen meist ausschließen. Ferner sind mit einer geschickten Notation Fehlinterpretationen zu vermeiden, die durch Verwechslungen zwischen dem Buchstaben „O" für Osten aus dem Vokabular der Himmelsrichtungen und einer Null inszeniert werden. Derart kryptische Notationen einer Richtungssequenz kommen in der Praxis eher selten vor, weil auf den Geräteanzeigen (Displays) der GNSS-Empfänger[*] Positionsnamen[**] bereits bei einer Distanz um die 50 m zwischen zwei Wegpunkten[**] übersichtlich dargestellt werden. Bei sehr schwierigen Konstellationen wird die Navigation gezielt mit einem oder mehreren kursrelevanten lokalen Positionsnamen außerhalb der Richtungssequenzzone sichergestellt.
Wenn in einer Richtungssequenzzone ein querfeldein verlaufender Streckentyp eine komplexe klassische Verzweigung kreuzt oder tangiert beziehungsweise eine komplexe Termination tangiert, dann liegt eine wahrnehmbare strukturelle Eigenschaft vor und es wird auf

den weiterführenden querfeldein verlaufenden Streckentyp mit dem zutreffenden Kurs (*M*) hingewiesen.

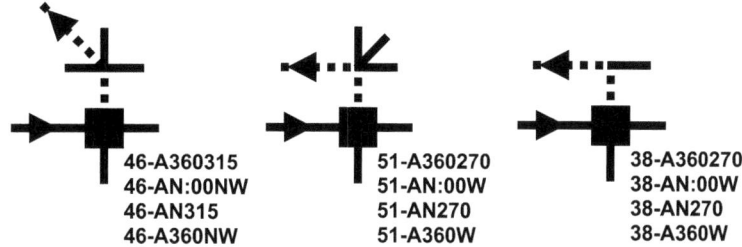

46-A360315	51-A360270	38-A360270
46-AN:00NW	51-AN:00W	38-AN:00W
46-AN315	51-AN270	38-AN270
46-A360NW	51-A360W	38-A360W

Wenn in einer Richtungssequenzzone ein querfeldein verlaufender Streckentyp eine komplexe Navigationsmarke kreuzt oder tangiert, dann weist der Treffpunkt keine wahrnehmbare strukturelle Eigenschaft auf. Wahrnehmbar ist der reale Wegstreckenabschnitt, der zwangsläufig die navigationsrelevante Position des Treffpunkts beherbergt. Die Navigation wird bei einer derartigen Konstellation vereinfacht, wenn ein direkter Kurs (*M*) notiert werden kann. Ein direkter Kurs (*M*) bezieht sich auf einen kursrelevanten <u>lokalen Positionsnamen</u>, der in Wanderrichtung außerhalb der Richtungssequenzzone liegt.

Wenn an einer derartigen komplexen Navigationsmarke ein querfeldein verlaufender Streckentyp kreuzt und ein direkter Kurs (*M*) notiert wird, dann tritt der Treffpunkt zwar als Navigationsindikator (*S*) in der Richtungssequenz auf, seine exakte navigationsrelevante Position auf dem realen Wegstreckenabschnitt ist für die Navigation jedoch irrelevant.

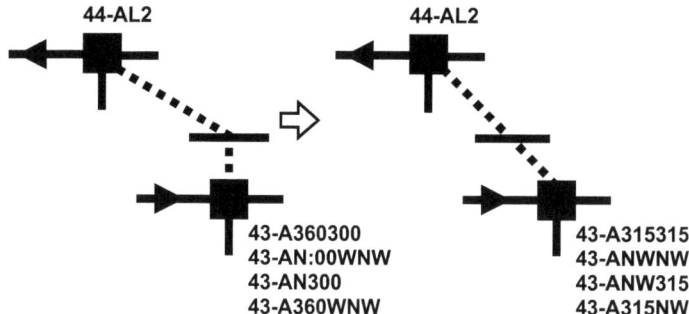

| 44-AL2 | 44-AL2 |

43-A360300	43-A315315
43-AN:00WNW	43-ANWNW
43-AN300	43-ANW315
43-A360WNW	43-A315NW

Wenn an einer derartigen komplexen Navigationsmarke ein querfeldein verlaufender Streckentyp tangiert und ein direkter Kurs (*M*) notiert wird, dann lässt sich der Treffpunkt als Navigationsindikator (*S*) in der Richtungssequenz gegebenenfalls vermeiden.

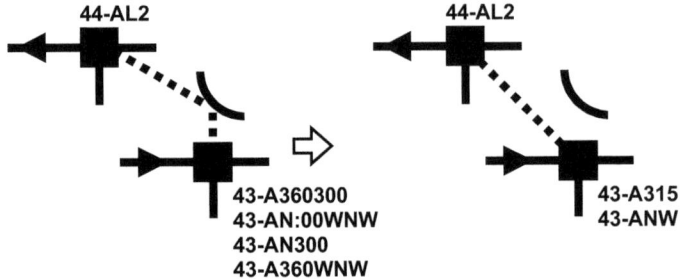

Wird in einer Richtungssequenzzone ein realer Streckentyp von einem querfeldein verlaufenden Streckentyp versetzt gekreuzt oder versetzt tangiert, dann ist der Einstiegpunkt mit dem zutreffenden Distanzindikator (*D*) zu lokalisieren. Ein Distanzindikator (*D*) wird mit einem Doppelpunkt als Trennzeichen eingeleitet und hinter dem am Einstiegspunkt einzuschlagenden Kurs (*M*) notiert.

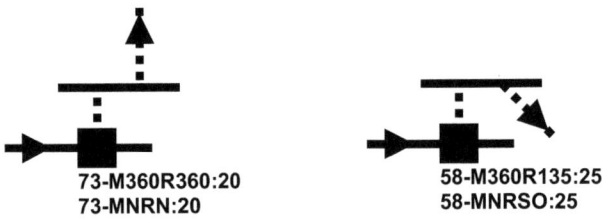

Wenn bei einem querfeldein verlaufenden Streckentyp in einer Richtungssequenzzone ein oder mehrere signifikante Kurswechsel hintereinander auftreten, dann werden außer dem Kurs (*M*) des initiierenden Navigationsindikators (*S*) alle Kurse (*M*) in Kombination mit einem Doppelpunkt als Trennzeichen und einem Distanzindikator (*D*) notiert. Lässt sich das Vokabular der Himmelsrichtungen als initiierender Navigationsindikator (*S*) nicht ketten, dann regelt ein Doppelpunkt als Trennzeichen mit dem Distanzindikator (*D*) „00" die Interpretation.

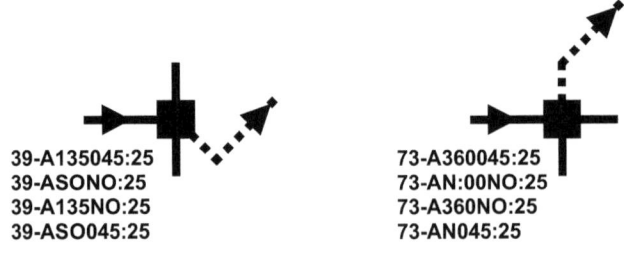

Bei der Notation einer Richtungssequenz mit hintereinander auftretenden navigationsrelevanten Positionen, die im Gelände keine wahrnehmbaren strukturellen Eigenschaften aufweisen, ist zu berücksichtigen, dass sich bei der Navigation Diskrepanzen kumulieren können (⚠).

6.6 KURSPUNKT

Ein Kurspunkt wird auf einer protokollierten Wegstrecke im weglosen Gelände verwendet, wenn ein querfeldein verlaufender unidirektionaler Wegstreckenabschnitt einen signifikanten Kurswechsel oder in einer Richtungssequenzzone mehrere signifikante Kurswechsel erfordert. Er liefert an den navigationsrelevanten Positionen die einzuschlagende Wanderrichtung. Ein Kurspunkt weist keine wahrnehmbare strukturelle Eigenschaft auf und wird mit einem Wegpunkt[**] (Waypoint) markiert. Die navigationsrelevanten Positionen müssen lokalisierbar sein. Die Genauigkeit der Positionsbestimmung hängt von der Qualität des eingesetzten GNSS-Empfängers[*] und der Güte der empfangenen Satellitensignale ab. Bei einer Richtungssequenz ist im weglosen Gelände zu berücksichtigen, dass sich während der Navigation Diskrepanzen kumulieren können (⚠).

Syntax: $N\text{-}M_1\text{:}D_1M_2\text{:}D_2M_3\text{:}D_3 \ldots M_n\text{:}D_n\text{+}K$

Die Notation wird mit einer Positionssequenznummer (N)[**] und einem Minuszeichen als Trennzeichen eingeleitet. Dahinter wird der initiierende Kurs (M) notiert. Bei einer Richtungssequenz folgen die Kurse (M) der sich anschließenden signifikanten Kurswechsel in der durch die Wanderrichtung vorgegebenen Reihenfolge. Bei der Notation einer Richtungssequenz treten als nicht initiierende Kurse (M) ausschließlich Kurse (M) in Kombination mit einem Doppelpunkt als Trennzeichen und einem Distanzindikator (D) auf. Das Vokabular der Himmelsrichtungen und Kurswinkel können in einer Richtungssequenz gemischt notiert werden. Ein Kurswinkel wird in einer Richtungssequenz immer dreistellig mit führenden Nullen notiert. Das Vokabular der Himmelsrichtungen lässt sich als initiierender Kurs (M) nicht beliebig ketten (z. B.: „N" und „NW"). Ein Doppelpunkt als Trennzeichen mit dem Distanzindikator (D) „00" regelt die Interpretation. Optional kann hinter einem Pluszeichen als Trennzeichen ein Kommentar (K)[**] hinzugefügt werden. Eine Kommentarsequenz[**] ist möglich. Das Vokabular der Himmelsrichtungen oder ein Kurswinkel als Kommentar (K)[**] sind unzulässig (⚠).

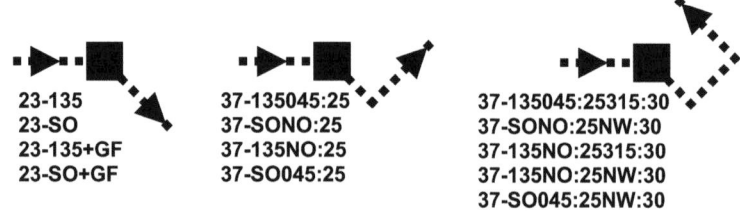

23-135	37-135045:25	37-135045:25315:30
23-SO	37-SONO:25	37-SONO:25NW:30
23-135+GF	37-135NO:25	37-135NO:25315:30
23-SO+GF	37-SO045:25	37-135NO:25NW:30
		37-SO045:25NW:30

Um bei der Interpretation Verwechslungen mit dem „W" für Wegspinne aus dem Vokabular der Verzweigungsarten (*X*) vorzubeugen, sollte als initiierender Kurs (*M*) ein Kurswinkel anstatt „WNW", „W" und „WSW" aus dem Vokabular der Himmelsrichtungen verwendet werden. In der Praxis verursacht die Anwendung keine Orientierungsprobleme, weil die Konstellationen im Gelände Fehlinterpretationen ausschließen (siehe Appendix A.3).

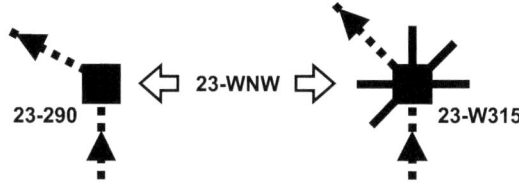

Wenn ein querfeldein verlaufender Streckentyp terminiert und sich die Wegstrecke in umgekehrter Wanderrichtung fortsetzt, dann liegt ein Wendepunkt** vor. Im weglosen Gelände kann auf einen Wendepunkt als Attraktion** oder als Kurspunkt mit dem Standardkommentar „WP" hingewiesen werden.

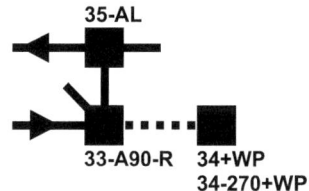

Existiert in einer Richtungssequenzzone ein realer Streckentyp, dann wird auf diesem realen Streckentyp eine geeignete navigationsrelevante Position in die zu protokollierende Wegstrecke integriert, um einen Kurspunkt zu vermeiden und eine bessere Positionsbestimmung zu erzielen (⚠).

6.7 KOMPLEXER REPETIERTYP

Ein komplexer Repetiertyp wird auf einer protokollierten Wegstrecke verwendet, wenn eine klassische Verzweigung, eine Navigationsmarke oder eine komplexe Termination mehr als einmal passiert werden. Die Notation setzt voraus, dass die navigationsrelevante Position bei mindestens einer Passage auf einem querfeldein verlaufenden Streckentyp erreicht oder verlassen wird oder dass bei mindestens einer Passage ein Kurs (*M*), gegebenenfalls mit einem Doppelpunkt als Trennzeichen und einem Distanzindikator (*D*), als Navigationsindikator (*S*) einer Richtungssequenz auftritt. Die navigationsrelevante Position wird bei der ersten Passage mit einem Wegpunkt[**] (Waypoint) markiert und die von einer Richtungssequenz erfassten navigationsrelevanten Positionen müssen wahrnehmbare strukturelle Eigenschaften aufweisen oder lokalisierbar sein.

Syntax: $\textbf{\textit{N-X}}\underline{S}_{1.1}\underline{S}_{1.2} \ldots \underline{S}_{1.x}\text{-}S_{2.1}\underline{S}_{2.2} \ldots \underline{S}_{2.y} \ldots \text{-}\underline{S}_{n.1}\underline{S}_{n.2} \ldots \underline{S}_{n.z}\textbf{+K}$

Die Notation wird mit einer Positionssequenznummer (*N*)[**] und einem Minuszeichen als Trennzeichen eingeleitet. Dahinter wird das entsprechende Vokabular der Verzweigungsarten (*X*) ergänzt. Das entsprechende Vokabular der Verzweigungsarten (*X*) wird nur bei der ersten Passage notiert, weil die strukturelle Eigenschaft der navigationsrelevanten Position bei jeder Passage identisch ist. Es folgt der zutreffende Navigationsindikator (*S*) der ersten Passage. Jede weitere Passage wird mit einem Minuszeichen als Trennzeichen eingeleitet und mit dem zutreffenden Navigationsindikator (*S*) ergänzt. Die Notationsreihenfolge muss mit der Passagenreihenfolge übereinstimmen. Die Navigationsindikatoren (*S*) lassen sich an jeder Passage als Richtungssequenz ketten. Die Notation eines komplexen Repetiertyps weist keinen Kurs (*M*) auf, wenn alle Passagen und von Richtungssequenzen erfassten navigationsrelevanten Positionen auf realen Streckentypen verlassen werden. Das Vokabular der Himmelsrichtungen und Kurswinkel können sowohl an den Passagen als auch in einer Richtungssequenz gemischt auftreten. Ein Kurswinkel wird in einer Richtungssequenz immer dreistellig mit führenden Nullen notiert. Das Vokabular der Himmelsrichtungen lässt sich nicht beliebig ketten (z. B.: „N" und „NW"). Ein Doppelpunkt als Trennzeichen mit dem Distanzindikator (*D*) „00" regelt die Interpretation. Optional kann hinter einem Pluszeichen als Trennzeichen ein Kommentar (*K*)[**] hinzugefügt werden. Eine Kommentarsequenz[**] ist möglich. Das Vokabular der Himmelsrichtungen oder ein Kurswinkel als Kommentar (*K*)[**] beziehen sich bei einem komplexen Repetiertyp auf die erste Passage und bei einer Richtungssequenz an der ersten Passage auf die letzte navigationsrelevante Position. Wenn an der ersten Passage als letzter Navigationsindikator (*S*) ein Kurs (*M*) auftritt, dann sind das Vokabular der Himmelsrichtungen oder ein Kurswinkel als Kommentar (*K*)** unzulässig (⚠).

Repetierend genutzte klassische Verzweigungen und repetierend genutzte komplexe Terminationen weisen im Gelände eine wahrnehmbare strukturelle Eigenschaft auf und lassen sich als komplexer Repetiertyp standardmäßig notieren.

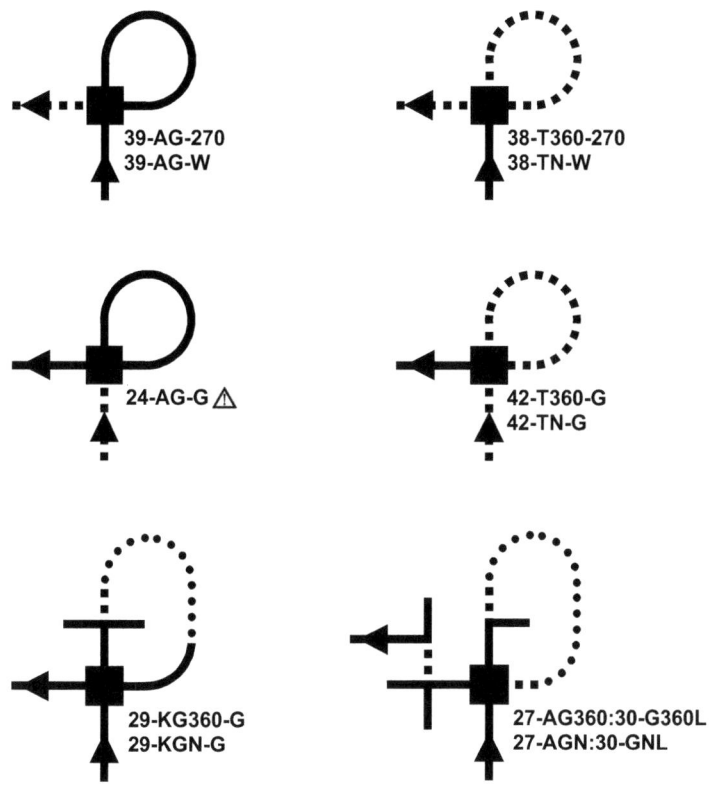

Ein repetierend genutzte Navigationsmarke weist im Gelände keine wahrnehmbare strukturelle Eigenschaft auf. Die Genauigkeit der Positionsbestimmung hängt somit von der Qualität des eingesetzten GNSS-Empfängers* und der Güte der empfangenen Satellitensignale ab (⚠).

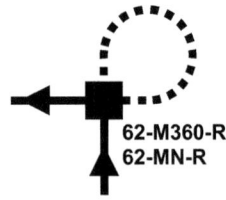

62-M360-R
62-MN-R

Wenn eine repetierend genutzte Navigationsmarke auf einer realen Weg-strecke passiert wird, dann ist unabhängig von dem geografischen Verlauf im Gelände immer die Elementarrichtung „G" zu notieren.

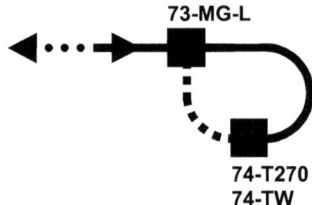

73-MG-L

74-T270
74-TW

Wenn eine repetierend genutzte asymmetrische komplexe Abzweigung*, eine repetierend genutzte komplexe Kreuzung oder eine repetierend genutzte komplexe Wegspinne bei einer Passage auf einem realen Streckentyp und bei einer anderen Passage auf einem querfeldein ver-laufenden Streckentyp erreicht und die Wegstrecke bei beiden Passagen auf einem realen Streckentyp fortgesetzt wird, dann kann bei der Notation eines komplexen Repetiertyps an den Passagen das Vokabular der Elementarrichtungen $(R)^{**}$ sowohl mit als auch ohne Abbiegungs-nummer $(A)^{**}$ auftreten.

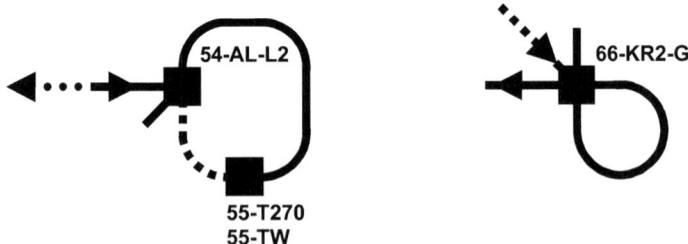

54-AL-L2

66-KR2-G

55-T270
55-TW

Eine derartige Notation tritt auch dann auf, wenn die Elementarrichtung „Z" für eine in umgekehrter Wanderrichtung weiterführende reale Wegstrecke notiert wird. An einer repetierend genutzten komplexen

Wegspinne ist die Elementarrichtung „G" zulässig, wenn bei einer Passage auf einer realen Wegstrecke die dafür notwendigen Bedingungen eingehalten werden.

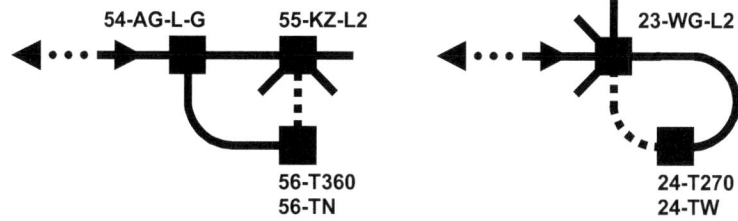

Bei der Notation eines komplexen Repetiertyps ist eine repetierend genutzte virtuelle Verzweigung als nicht initiierende navigationsrelevante Position einer Richtungssequenz für das Verfahren irrelevant, weil sie in einer Richtungssequenzzone nicht als Verzweigung, sondern stets als signifikanter Kurswechsel wahrgenommen wird (⚠).

Eine komplexe Termination wird auf einem bidirektional genutzten Wegstreckenabschnitt als komplexer Repetiertyp notiert.

Die Positionssequenznummer $(N)^{**}$ wird an einem komplexen Repetiertyp standardmäßig angewendet. Verzweigungen und signifikante Kurswechsel, die bei der zweiten und weiteren Passagen dicht vor der mit einem Wegpunkt[**] markierten repetierend genutzten Verzweigung liegen, werden nicht notiert. Die Notation wird bei jeder Passage immer ausgehend von der mit einem Wegpunkt[**] markierten repetierend genutzten Verzweigung interpretiert.

Dies wirkt sich insbesondere auf bidirektionale Konstellationen aus, wie sie bei Zielwanderungen* auftreten. Die Navigation ist bei Zielwanderungen* auf dem Rückweg indirekt bekannt.

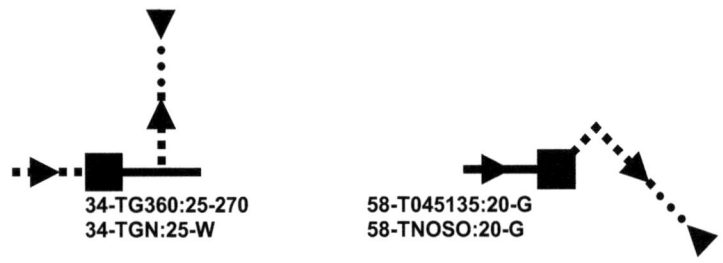

6.8 VIRTUELLER REPETIERTYP

Ein virtueller Repetiertyp wird auf einer protokollierten Wegstrecke im weglosen Gelände verwendet, wenn eine virtuelle Verzweigung oder ein signifikanter Kurswechsel mehr als einmal passiert werden. Die Notation setzt voraus, dass die navigationsrelevante Position und alle von Richtungssequenzen erfassten navigationsrelevanten Positionen auf querfeldein verlaufenden Streckentypen erreicht oder verlassen werden. Eine virtuelle Verzweigung oder ein signifikanter Kurswechsel weisen keine strukturelle Eigenschaft auf und werden bei der ersten Passage mit einem Wegpunkt[**] (Waypoint) markiert. Die von einer Richtungssequenz erfassten navigationsrelevanten Positionen müssen lokalisierbar sein. Die Genauigkeit der Positionsbestimmung hängt somit von der Qualität des eingesetzten GNSS-Empfängers[*] und der Güte der empfangenen Satellitensignale ab. Bei einer Richtungssequenz ist im weglosen Gelände zu berücksichtigen, dass sich während der Navigation Diskrepanzen kumulieren können ($\triangle$).

Syntax:

$$
\begin{aligned}
&N - M_{1.1}{:}\underline{D}_{1.1}M_{1.2}{:}\underline{D}_{1.2}\cdots M_{1.x}{:}\underline{D}_{1.x} \\
&- M_{2.1}{:}\underline{D}_{2.1}M_{2.2}{:}\underline{D}_{2.2}\cdots M_{2.y}{:}\underline{D}_{2.y}\cdots \\
&\underline{- M_{n.1}{:}\underline{D}_{n.1}M_{n.2}{:}\underline{D}_{n.2}\cdots M_{n.z}{:}\underline{D}_{n.z}} \\
&\underline{+K}
\end{aligned}
$$

Die Notation wird mit einer Positionssequenznummer (N)[**] und einem Minuszeichen als Trennzeichen eingeleitet. Dahinter wird der zutreffende Kurs (M) der ersten Passage notiert. Jede weitere Passage wird mit einem Minuszeichen als Trennzeichen eingeleitet und mit dem zutreffenden Kurs (M) ergänzt. Die Notationsreihenfolge muss mit der Passagenreihenfolge übereinstimmen. Kurse (M) in Kombination mit einem Doppelpunkt als Trennzeichen und einem Distanzindikator (D) lassen sich an jeder Passage als Richtungssequenz ketten. Das Vokabular der Himmelsrichtungen und Kurswinkel können sowohl an den Passagen als auch in einer Richtungssequenz gemischt auftreten. Ein Kurswinkel wird in einer Richtungssequenz immer dreistellig mit führenden Nullen notiert. Das Vokabular der Himmelsrichtungen lässt sich als initiierender Kurs (M) nicht beliebig ketten (z. B.: „N" und „NW"). Ein Doppelpunkt als Trennzeichen mit dem Distanzindikator (D) „00" regelt die Interpretation. Optional kann hinter einem Pluszeichen als Trennzeichen ein Kommentar (K)[**] hinzugefügt werden. Eine Kommentarsequenz[**] ist möglich. Das Vokabular der Himmelsrichtungen oder ein Kurswinkel als Kommentar (K)[**] sind unzulässig ($\triangle$).

Repetierend genutzte virtuelle Verzweigungen werden im weglosen Gelände als virtueller Repetiertyp notiert. Um bei der Interpretation Verwechslungen mit dem „W" für Wegspinne aus dem Vokabular der Verzweigungsarten (*X*) vorzubeugen, sollte an der ersten Passage als initiierender Kurs (*M*) ein Kurswinkel anstatt „WNW", „W" und „WSW" aus dem Vokabular der Himmelsrichtungen verwendet werden. In der Praxis verursacht die Anwendung keine Orientierungsprobleme, weil die Konstellationen im Gelände Fehlinterpretationen ausschließen (siehe Appendix A.3).

Eine repetierend genutzte virtuelle Verzweigung ist nur als initiierende navigationsrelevante Position einer Richtungssequenz zulässig, weil sie in einer weglosen Richtungssequenzzone nicht als Verzweigung, sondern stets als signifikanter Kurswechsel wahrgenommen wird. Bei der Notation einer Richtungssequenz treten als nicht initiierende Kurse (*M*) ausschließlich Kurse (*M*) in Kombination mit einem Doppelpunkt als Trennzeichen und einem Distanzindikator (*D*) auf.

Ein signifikanter Kurswechsel wird auf einem bidirektional genutzten Wegstreckenabschnitt als virtueller Repetiertyp notiert.

Die Positionssequenznummer (N)** wird an einem virtuellen Repetiertyp standardmäßig angewendet. Signifikante Kurswechsel, die bei der zweiten und weiteren Passagen dicht vor oder dicht an der mit einem Wegpunkt** markierten repetierend genutzten virtuellen Verzweigung liegen, werden nicht notiert. Die Notation wird bei jeder Passage immer ausgehend von der mit einem Wegpunkt** markierten repetierend genutzten virtuellen Verzweigung interpretiert.

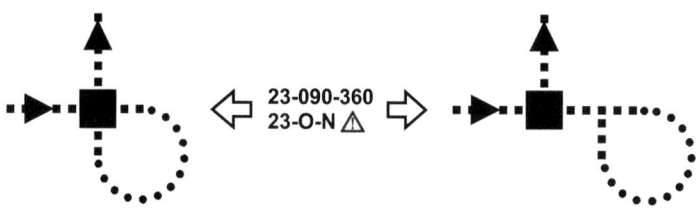

Dies wirkt sich insbesondere auf bidirektionale Konstellationen aus, wie sie bei Zielwanderungen* auftreten. Die Navigation ist bei Zielwanderungen* auf dem Rückweg indirekt bekannt.

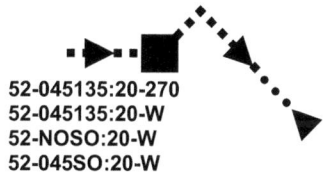

52-045135:20-270
52-045135:20-W
52-NOSO:20-W
52-045SO:20-W

Existiert in einer Richtungssequenzzone ein realer Streckentyp, dann wird auf diesem realen Streckentyp eine geeignete Position in die protokollierte Wegstrecke integriert, um eine repetierend genutzte virtuelle Verzweigung zu vermeiden und eine bessere Positionsbestimmung zu erzielen (⚠).

6.9   QUERFELDEIN VERLAUFENDE VARIANTEN

Eine Wanderung lässt sich mit einer oder mehreren Varianten flexibel gestalten. Varianten beeinflussen mit ihren alternativen Wegstrecken die Länge der Wegstrecke und die Wanderzeit. Ein Anwender (Wanderer) kann zwischen mehreren Streckenführungen wählen und den Verlauf einer Wanderung seinen individuellen Anforderungen anpassen.

Eine querfeldein verlaufende alternative Wegstrecke beginnt auf der Wegstrecke der Originalwanderung (Normalwanderung) am Ausgangspunkt, an einer komplexen Verzweigung oder an einer virtuellen Verzweigung. Am Ausgangspunkt wird mit einem rudimentären Variantenindikator[**] auf einen oder mehrere beginnende querfeldein verlaufende individuelle Wegstreckenabschnitte hingewiesen, weil die Syntax der Basisspezifikation[**] die Notation des Vokabulars der Variantenarten (V)[**] in Kombination mit einem Kurs (M) nicht unterstützt. Diese Einschränkung lässt sich durch Verlagerung des Ausgangspunkts elegant umgehen (siehe Appendix A.1).

Eine querfeldein verlaufende alternative Wegstrecke kann sich aus querfeldein verlaufenden individuellen Wegstrecken und querfeldein verlaufenden repräsentativen Wegstreckenabschnitten in umgekehrter Wanderrichtung zusammensetzen. Querfeldein verlaufende individuelle Wegstrecken werden mit Positionssequenznummern (N)[**] einer Variante standardmäßig protokolliert. Die Anwendung ist für Wegstrecken, die sich aus realen Streckentypen oder querfeldein verlaufenden Streckentypen oder gemischt aus realen Streckentypen und querfeldein verlaufenden Streckentypen zusammensetzen, identisch.

Eine alternative Wegstrecke endet mit einem querfeldein verlaufenden Wegstreckenabschnitt, sobald sie mit der Wegstrecke der Originalwanderung an einer komplexen Verzweigung oder an einer virtuellen Verzweigung zusammentrifft und die Wanderung auf der Wegstrecke der Originalwanderung in einer durch die Originalwanderung bereits genutzten Wanderrichtung fortgesetzt wird oder wenn eine Basisspezifikation[**] erreicht wird. Eine Originalwanderung endet an einer Basisspezifikation[**], wenn sie keine skurrilen Tendenzen[*] aufweist. Wenn eine querfeldein verlaufende alternative Wegstrecke einen Wegstreckenabschnitt der Originalwanderung in der von der Originalwanderung bereits genutzten Wanderrichtung aufweist und der Wegstreckenabschnitt zwei benachbarte Wegpunkte[**] (Waypoints) der Originalwanderung miteinander verbindet, dann wird sie wie zwei separate alternative Wegstrecken behandelt. Dabei ist zu berücksichtigen, dass sich diese Vorgehensweise auf die Kontinuität der alternativen Wegstrecke auswirkt.

Die Abbildung eines Wegstreckennetzes ist mit den Navigationskomponenten für querfeldein verlaufende alternative Wegstrecken nicht möglich. Damit die Praxistauglichkeit des Verfahrens erhalten bleibt, sind adäquat zu alternativen Wegstrecken, die sich aus realen Streckentypen zusammensetzen, die folgenden Konstellationen unzulässig:

- Protokollierte querfeldein verlaufende alternative Wegstrecken, die eine andere protokollierte alternative Wegstrecke kreuzen oder tangieren.
- Protokollierte querfeldein verlaufende alternative Wegstrecken, die an einer protokollierten alternativen Wegstrecke enden.
- Zwei protokollierte querfeldein verlaufende alternative Wegstrecken, die denselben individuellen Wegstreckenabschnitt bidirektional nutzen.
- Protokollierte querfeldein verlaufende Subvarianten[*].

Um das Verfahren nicht überzustrapazieren, sollte vor dem Anlegen einer Variante generell verifiziert werden, ob es nicht zweckmäßiger ist, anstatt einer Variante, eine zweite Originalwanderung mit einem separaten Wegpunktesatz (Set of Waypoints) zu erstellen.

6.9.1 KOMPLEXER VARIANTENTYP

Ein komplexer Variantentyp wird auf einer repräsentativen Wegstrecke verwendet, wenn an einer oder an mehreren Passagen einer klassischen Verzweigung, einer Navigationsmarke oder einer komplexen Termination eine oder mehrere alternative Wegstrecken beginnen oder enden. Die alternativen Wegstrecken werden mit dem Vokabular der Variantenarten $(V)^{**}$ typisiert und die individuellen Wegstreckenabschnitte protokolliert. Die Notation setzt voraus, dass die Verzweigung bei mindestens einer Passage auf einem querfeldein verlaufenden Streckentyp erreicht oder verlassen wird oder dass bei mindestens einer Passage ein Kurs (M), gegebenenfalls mit einem Doppelpunkt als Trennzeichen und einem Distanzindikator (D), als Navigationsindikator (S) einer Richtungssequenz auftritt. Die Verzweigung wird bei der ersten Passage mit einem Wegpunkt** (Waypoint) markiert und die von einer Richtungssequenz erfassten navigationsrelevanten Positionen müssen wahrnehmbare strukturelle Eigenschaften aufweisen oder lokalisierbar sein.

Syntax:

$$
\begin{aligned}
&N\text{-}XS_{1.0.1}\underline{S}_{1.0.2}\ldots\underline{S}_{1.0.a}\\
&\quad \underline{V}_{1.1}\ \underline{S}_{1.1.1}\underline{S}_{1.1.2}\ldots\underline{S}_{1.1.b}\ldots\underline{V}_{1.x}\underline{S}_{1.x.1}\underline{S}_{1.x.2}\ldots\underline{S}_{1.x.c}\\
&\quad \underline{:}\ \underline{S}_{2.0.1}\underline{S}_{2.0.2}\ldots\underline{S}_{2.0.d}\\
&\quad \underline{V}_{2.1}\ \underline{S}_{2.1.1}\underline{S}_{2.1.2}\ldots\underline{S}_{2.1.e}\ldots\underline{V}_{2.y}\underline{S}_{2.y.1}\underline{S}_{2.y.2}\ldots\underline{S}_{2.y.f}\ldots\\
&\quad \underline{:}\ \underline{S}_{n.0.1}\underline{S}_{n.0.2}\ldots\underline{S}_{n.0.g}\\
&\quad \underline{V}_{n.1}\ \underline{S}_{n.1.1}\underline{S}_{n.1.2}\ldots\underline{S}_{n.1.h}\ldots\underline{V}_{n.z}\underline{S}_{n.z.1}\underline{S}_{n.z.2}\ldots\underline{S}_{n.z.i}\\
&\quad \underline{+K}
\end{aligned}
$$

Die Notation wird mit einer Positionssequenznummer $(N)^{**}$ und einem Minuszeichen als Trennzeichen eingeleitet. Dahinter wird das entsprechende Vokabular der Verzweigungarten (X) ergänzt. Das entsprechende Vokabular der Verzweigungsarten (X) wird nur bei der ersten Passage notiert, weil die strukturelle Eigenschaft einer Verzweigung bei jeder Passage identisch ist. Es folgt der zutreffende Navigationsindikator (S) der ersten Passage der repräsentativen Wegstrecke. Wenn bei der ersten Passage eine oder mehrere alternative Wegstrecken beginnen oder enden, dann wird im Anschluss für die erste alternative Wegstrecke das entsprechende Vokabular der Variantenarten $(V)^{**}$ notiert und mit dem zutreffenden Navigationsindikator (S) ergänzt. Für jede weitere alternative Wegstrecke an der ersten Passage wird die Notation mit dem entsprechenden Vokabular der Variantenarten $(V)^{**}$ und dem zutreffenden Navigationsindikator (S) erweitert. Jede weitere Passage wird mit einem Minuszeichen als Trennzeichen eingeleitet und dahinter der zutreffende Navigationsindikator (S) der repräsentativen Wegstrecke hinzugefügt. Wenn bei einer weiteren Passage eine oder mehrere alternative Wegstrecken beginnen oder enden, dann werden im Anschluss für jede der alternativen Wegstrecken das entsprechende Vokabular der Variantenarten $(V)^{**}$ mit dem zutreffenden Navigationsindikator (S) hintereinander notiert. Die Notationsreihenfolge muss mit der Passagenreihenfolge übereinstimmen. Ein komplexer Variantentyp weist an mindestens einer Passage eine Variantenart auf. Die Navigationsindikatoren (S) lassen sich an jeder Passage der repräsentativen Wegstrecke und der alternativen Wegstrecken als Richtungssequenz ketten. Die Notation eines komplexen Variantentyps weist keinen Kurs (M) auf, wenn alle Passagen und von Richtungssequenzen erfassten navigationsrelevanten Positionen auf realen Streckentypen verlassen werden. Das Vokabular der Himmelsrichtungen und Kurswinkel können sowohl an den Passagen als auch in einer Richtungssequenz gemischt auftreten. Ein Kurswinkel wird in einer Richtungssequenz immer dreistellig mit führenden Nullen notiert. Das Vokabular der Himmelsrichtungen lässt sich nicht beliebig ketten (z. B.: „N" und „NW"). Ein Doppelpunkt als Trennzeichen mit dem Distanzindikator (D) „00" regelt die Interpretation. Optional kann hinter einem Pluszeichen als Trennzeichen ein Kommentar $(K)^{**}$ hinzugefügt werden. Eine Kommentarsequenz** ist möglich. Ein Kommentar $(K)^{**}$ steht immer im Bezug zur repräsentativen Wegstrecke. Das Vokabular der Himmelsrichtungen oder ein Kurswinkel als Kommentar $(K)^{**}$ beziehen sich bei einem komplexen Variantentyp auf die erste Passage der repräsentativen Wegstrecke und bei einer Richtungssequenz an der ersten Passage auf die letzte navigationsrelevante Position. Wenn an der ersten Passage der repräsentativen Wegstrecke als letzter Navigationsindikator (S) ein Kurs (M) auftritt, dann sind das Vokabular der Himmelsrichtungen oder ein Kurswinkel als Kommentar $(K)^{**}$ unzulässig (⚠).

Mit einem komplexen Variantentyp lassen sich an einer oder an mehreren Passagen einer komplexen Verzweigung eine oder mehrere alternative Wegstrecken typisieren und initiieren. Die Notationsreihenfolge des Vokabulars der Variantenarten $(V)^{**}$ mehrerer initiierender alternativer Wegstrecken an derselben Passage ist beliebig.

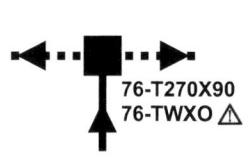

76-T270X90
76-TWXO ⚠

41-ALI45
41-ALINO

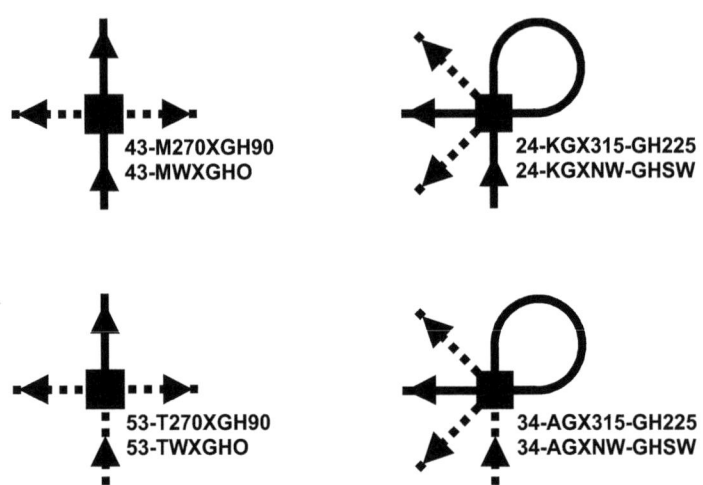

Wenn die repräsentative Wegstrecke eine komplexe Verzweigung mit einem querfeldein verlaufenden Streckentyp erreicht und in umgekehrter Wanderrichtung fortgesetzt wird, dann kann der Anwender (Wanderer) mit dem empfohlenen individuellen Kommentar „NAV" darauf hingewiesen werden, dass die Orientierung besondere Aufmerksamkeit erfordert.

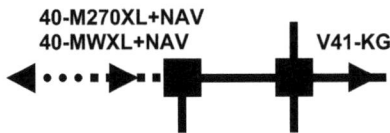

Bei der Notation eines komplexen Variantentyps ist eine virtuelle Verzweigung als nicht initiierende navigationsrelevante Position einer Richtungssequenz für das Verfahren irrelevant, weil sie in einer Richtungssequenzzone nicht als Verzweigung, sondern stets als signifikanter Kurswechsel wahrgenommen wird (⚠).

Demzufolge liegt auch bei alternativen Wegstrecken keine virtuelle Verzweigung vor, wenn sie von derselben Verzweigung aus mit denselben Kursen (*M*) in Kombination mit einem Doppelpunkt als Trennzeichen und einem Distanzindikator (*D*) auf verschiedene querfeldein verlaufende Wegstreckenabschnitte in einer Richtungssequenzzone verweisen (△).

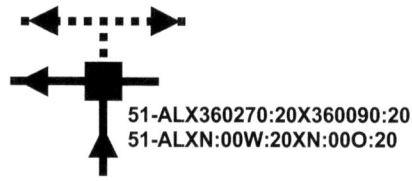

51-ALX360270:20X360090:20
51-ALXN:00W:20XN:00O:20

Die Positionssequenznummer (*N*)** wird an einem komplexen Variantentyp standardmäßig angewendet. Verzweigungen und signifikante Kurswechsel, die bei der zweiten und weiteren Passagen dicht vor der mit einem Wegpunkt** markierten repetierend genutzten Verzweigung liegen, werden nicht notiert. Die Notation wird bei jeder Passage immer ausgehend von der mit einem Wegpunkt** markierten repetierend genutzten Verzweigung interpretiert.

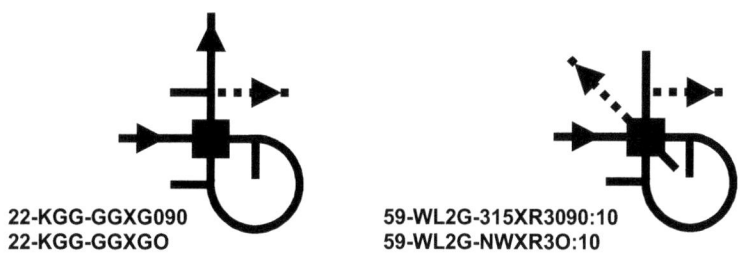

22-KGG-GGXG090   59-WL2G-315XR3090:10
22-KGG-GGXGO   59-WL2G-NWXR3O:10

Mit der Variantenart „E" wird auf das Ende einer oder mehrerer mit dem Vokabular der Variantenarten (*V*)** initiierten alternativen Wegstrecken an den entsprechenden Passagen einer Verzweigung hingewiesen. Die Notation der Variantenart „E" ist an jeder Passage nur einmal zulässig. Enden eine oder mehrere alternative Wegstrecken an einer Passage, an der eine oder mehrere alternative Wegstrecken initiiert werden, dann wird die Variantenart „E" als abschließende Variantenart notiert.

Endet eine einzige mit dem Vokabular der Variantenarten $(V)^{**}$ initiierte alternative Wegstrecke an einer oder an mehreren Passagen einer komplexen Verzweigung, dann wird mit einem komplexen Variantentyp und der Variantenart „E" an den entsprechenden Passagen darauf hingewiesen. Die Variantenart „E" wird mit dem jeweils zutreffenden Navigationsindikator (S) ergänzt. Die repräsentative Wegstrecke kann an einer repetierend genutzten komplexen Verzweigung selektiv fortgesetzt werden.

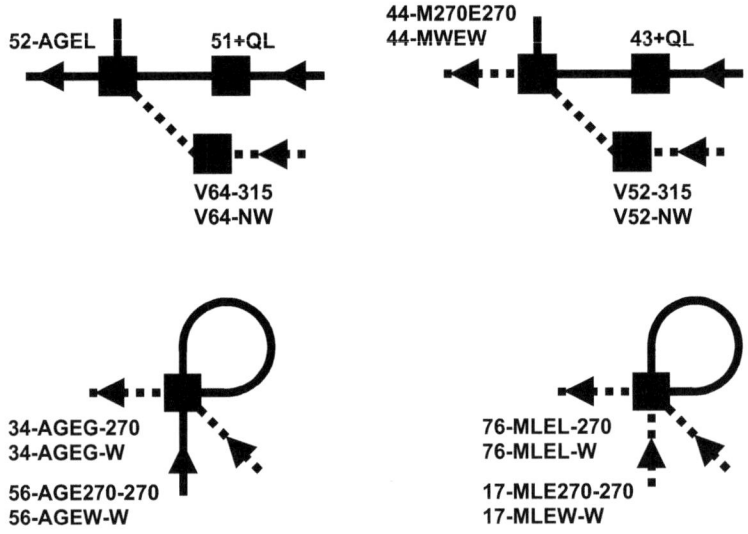

Bei der Notation eines komplexen Variantentyps kann wie bei einem komplexen Repetiertyp an den Passagen einer repetierend genutzten asymmetrischen komplexen Abzweigung*, einer repetierend genutzten komplexen Kreuzung oder einer repetierend genutzten komplexen Wegspinne das Vokabular der Elementarrichtungen $(R)^{**}$ sowohl mit als auch ohne Abbiegungsnummer $(A)^{**}$ auftreten. Dies kann durch die repräsentative Wegstrecke oder durch eine alternative Wegstrecke provoziert werden. Eine derartige Notation ist bei einem komplexen Variantentyp auch an derselben Passage möglich, wenn sie von der repräsentativen Wegstrecke und einer einzigen endenden alternativen Wegstrecke genutzt wird. Dies setzt voraus, dass eine der beiden Wegstrecken die Passage auf einem realen Streckentyp und die andere auf einem querfeldein verlaufenden Streckentyp erreicht und dass die repräsentative Wegstrecke auf einem realen Streckentyp weiterführt.

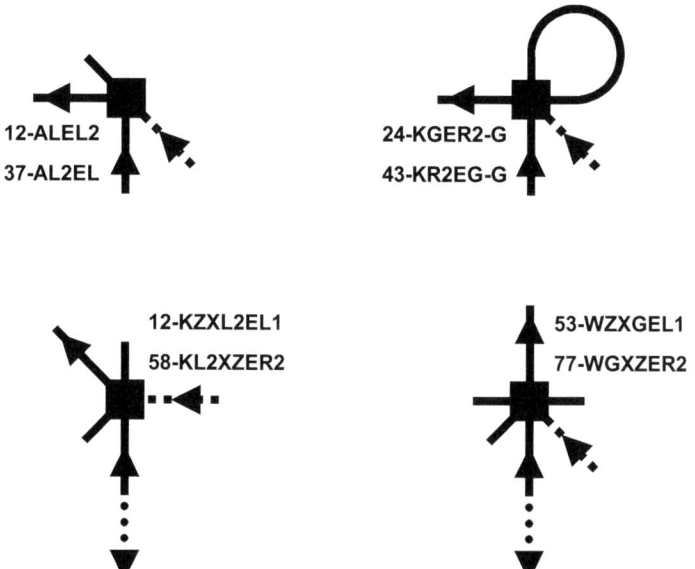

Enden mehrere mit dem Vokabular der Variantenarten $(V)^{**}$ initiierten alternativen Wegstrecken an derselben Passage einer komplexen Verzweigung, dann wird die Variantenart „E" isoliert notiert. Eine selektive Fortsetzung der repräsentativen Wegstrecke ist an einer repetierend genutzten komplexen Verzweigung nicht möglich (⚠).

Wenn die repräsentative Wegstrecke an einer derartigen Passage auf einem querfeldein verlaufenden Streckentyp fortgesetzt wird, dann gewährleistet der Kurs (M) der repräsentativen Wegstrecke eine direkte Navigation.

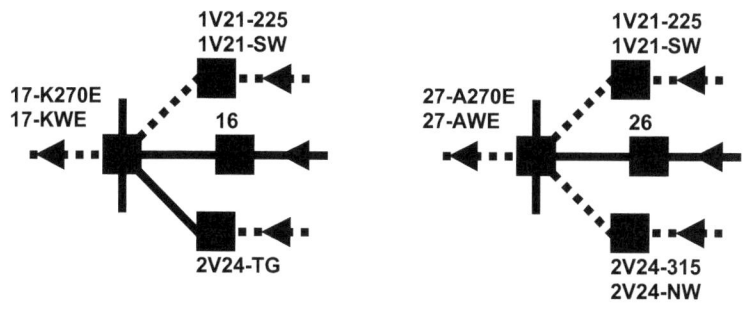

14-KL1-270E
14-KL1-WE

34-AG-270E
34-AG-WE

Eine direkte Navigation wird auch gewährleistet, wenn die repräsentative Wegstrecke an einer derartigen Passage auf einem terminierenden realen Streckentyp weiterführt.

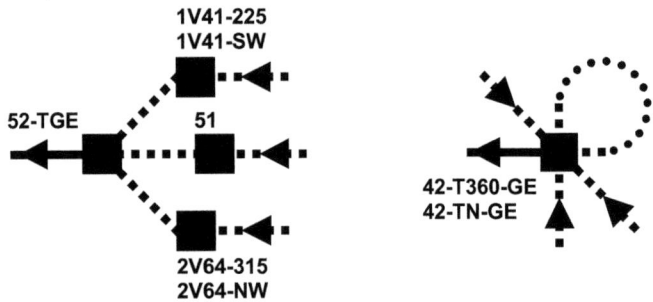

1V41-225
1V41-SW

52-TGE   51

2V64-315
2V64-NW

42-T360-GE
42-TN-GE

Wenn die Wegstrecke an einer derartigen Passage alternativ auf mehreren realen Streckentypen fortgesetzt werden kann und der weiterführende reale Streckentyp der repräsentativen Wegstrecke an der ersten Passage nicht mit einer Richtungssequenz belegt ist, dann kann an der ersten Passage mit dem Vokabular der Himmelsrichtungen oder einem Kurswinkel als Kommentar $(K)^{**}$ die Navigation sichergestellt werden.

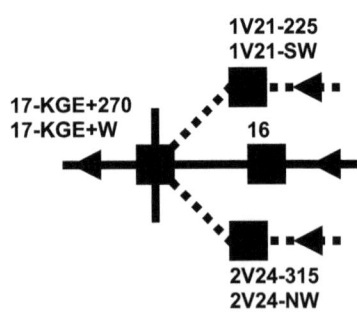

1V21-225
1V21-SW

17-KGE+270
17-KGE+W   16

2V24-315
2V24-NW

12-KGE-G+360	14-AGE-270+360
12-KGE-G+N	14-AGE-W+360
	14-AGE-W+N

Wenn die Wegstrecke an einer derartigen Passage alternativ auf mehreren realen Streckentypen fortgesetzt werden kann und zur Bestimmung des weiterführenden realen Streckentyps der repräsentativen Wegstrecke an der ersten Passage eine indirekte Navigation erforderlich wird, dann werden grobe Kenntnisse[*] der repräsentativen Wegstrecke vorausgesetzt. Gegebenenfalls ist die Navigation auf dem weiterführenden realen Streckentyp der repräsentativen Wegstrecke mit einem Peilpunkt[**] in angemessener Distanz zu unterstützen.

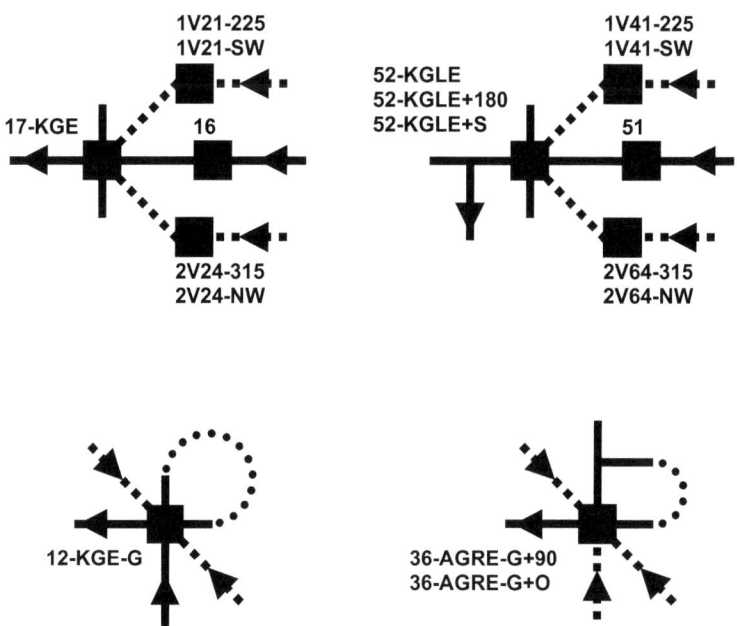

Wenn an einer repetierend genutzten komplexen Verzweigung eine derartige Passage auftritt und die Wegstrecke alternativ auf mehreren realen Streckentypen fortgesetzt werden kann, dann sind ab der zweiten Passage solide Kenntnisse[*] der repräsentativen Wegstrecke unentbehrlich (⚠).

Enden eine einzige oder mehrere mit dem Vokabular der Variantenarten $(V)^{**}$ initiierten alternativen Wegstrecken an einer komplexen Verzweigung und die repräsentative Wegstrecke wird in umgekehrter Wanderrichtung fortgesetzt, dann richtet sich die Navigation auf dem anschließenden repetierend genutzten Wegstreckenabschnitt der repräsentativen Wegstrecke nach dem Navigationsindikator (S) der letzten Passage der kursrelevanten lokalen Positionsnamen.

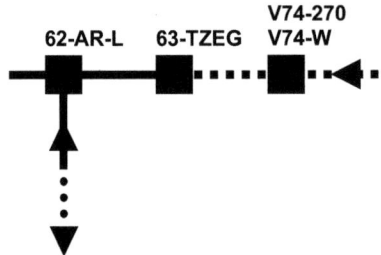

Wird eine Wanderung am Ende einer alternativen Wegstrecke auf einer alternativen Wegstrecke fortgesetzt, dann ist bei der Interpretation zu beachten, dass sich der Navigationsindikator (S) der beginnenden alternativen Wegstrecken auf die repräsentative Wegstrecke bezieht. Folglich wird sowohl bei einer einzigen als auch bei mehreren endenden alternativen Wegstrecken eine indirekte Navigation erforderlich, wenn die Wanderung auf einer mit einem realen Streckentyp beginnenden alternativen Wegstrecke fortgesetzt wird. Gegebenenfalls ist die Navigation auf den weiterführenden realen Streckentypen der beginnenden alternativen Wegstrecken mit einem Peilpunkt[**] in angemessener Distanz zu unterstützen. Die Anwendung setzt grobe Kenntnisse[*] der Wegstrecke voraus (⚠).

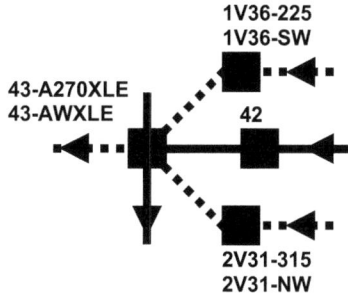

Wird eine Passage von einer alternativen Wegstrecke isoliert genutzt, dann wird unmittelbar hinter dem Minuszeichen die Variantenart „E" mit dem zutreffenden Kurs (*M*) notiert.

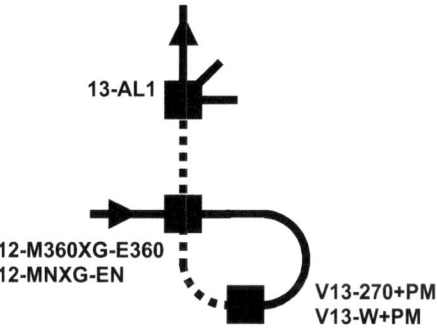

Die Variantenart „E" entfällt, wenn eine alternative Wegstrecke initiiert wird, deren Ausgangs- und Endpunkt identisch sind und die weder einen individuellen Wegstreckenabschnitt aufweist noch einen Wegstreckenabschnitt der Originalwanderung in umgekehrter Wanderrichtung nutzt.

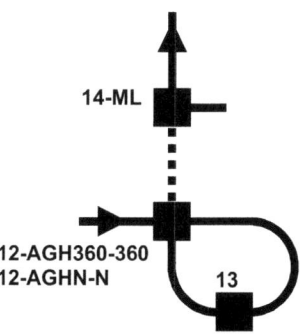

Die Verfahrensweisen der folgenden Wegstreckenkonstellationen entsprechen im übertragenen Sinne denen der realen Streckentypen und sind bei querfeldein verlaufenden Streckentypen adäquat anzuwenden:

- Wegstreckenübergreifende Protokollierung einer Richtungssequenz.
- Kreuzungs- und Tangentialpunkt.
- Bidirektionale Konstellationen.

6.9.2 VIRTUELLER VARIANTENTYP

Ein virtueller Variantentyp wird auf einer repräsentativen Wegstrecke im weglosen Gelände verwendet, wenn an einer oder an mehreren Passagen einer virtuellen Verzweigung eine oder mehrere alternative Wegstrecken beginnen oder enden. Die alternativen Wegstrecken werden mit dem Vokabular der Variantenarten $(V)^{**}$ typisiert und die querfeldein verlaufenden individuellen Wegstreckenabschnitte protokolliert. Die Notation setzt voraus, dass die navigationsrelevante Position und alle von Richtungssequenzen erfassten navigationsrelevanten Positionen auf querfeldein verlaufenden Streckentypen erreicht oder verlassen werden. Eine virtuelle Verzweigung weist keine strukturelle Eigenschaft auf und wird bei der ersten Passage mit einem Wegpunkt** (Waypoint) markiert. Die von einer Richtungssequenz erfassten navigationsrelevanten Positionen müssen lokalisierbar sein. Die Genauigkeit der Positionsbestimmung hängt somit von der Qualität des eingesetzten GNSS-Empfängers* und der Güte der empfangenen Satellitensignale ab. Bei einer Richtungssequenz ist im weglosen Gelände zu berücksichtigen, dass sich während der Navigation Diskrepanzen kumulieren können ($\triangle$).

Syntax:

N- $M_{1.0.1}$:$D_{1.0.1}M_{1.0.2}$:$D_{1.0.2}$ . . . $M_{1.0.a}$:$D_{1.0.a}$
$V_{1.1}$ $M_{1.1.1}$:$D_{1.1.1}M_{1.1.2}$:$D_{1.1.2}$ . . . $M_{1.1.b}$:$D_{1.1.b}$ . . .
$V_{1.x}$ $M_{1.x.1}$:$D_{1.x.1}M_{1.x.2}$:$D_{1.x.2}$ . . . $M_{1.x.c}$:$D_{1.x.c}$
- $M_{2.0.1}$:$D_{2.0.1}M_{2.0.2}$:$D_{2.0.2}$ . . . $M_{2.0.d}$:$D_{2.0.d}$
$V_{2.1}$ $M_{2.1.1}$:$D_{2.1.1}M_{2.1.2}$:$D_{2.1.2}$ . . . $M_{2.1.e}$:$D_{2.1.e}$ . . .
$V_{2.y}$ $M_{2.y.1}$:$D_{2.y.1}M_{2.y.2}$:$D_{2.y.2}$ . . . $M_{2.y.f}$:$D_{2.y.f}$ . . .
- $M_{n.0.1}$:$D_{n.0.1}M_{n.0.2}$:$D_{n.0.2}$ . . . $M_{n.0.g}$:$D_{n.0.g}$
$V_{n.1}$ $M_{n.1.1}$:$D_{n.1.1}M_{n.1.2}$:$D_{n.1.2}$ . . . $M_{n.1.h}$:$D_{n.1.h}$ . . .
$V_{n.z}$ $M_{n.z.1}$:$D_{n.z.1}M_{n.z.2}$:$D_{n.z.2}$ . . . $M_{n.z.i}$:$D_{n.z.i}$
+K

Die Notation wird mit einer Positionssequenznummer $(N)^{**}$ und einem Minuszeichen als Trennzeichen eingeleitet. Dahinter wird für die erste Passage der repräsentativen Wegstrecke der zutreffende Kurs (M) ergänzt. Wenn bei der ersten Passage eine oder mehrere alternative Wegstrecken beginnen oder enden, dann wird im Anschluss für die erste alternative Wegstrecke das entsprechende Vokabular der Variantenarten $(V)^{**}$ mit dem zutreffenden Kurs (M) notiert. Für jede weitere alternative Wegstrecke an der ersten Passage wird die Notation mit dem entsprechenden Vokabular der Variantenarten $(V)^{**}$ und dem zutreffenden Kurs (M) erweitert. Jede weitere Passage wird mit einem Minuszeichen als Trennzeichen eingeleitet und dahinter der zutreffende Kurs (M) der repräsentativen Wegstrecke hinzugefügt. Wenn bei einer weiteren Passage eine oder mehrere alternative Wegstrecken beginnen oder enden, dann werden im Anschluss für jede der alternativen Wegstrecken das entsprechende Vokabular der Variantenarten $(V)^{**}$ mit dem zutreffenden Kurs (M) hintereinander notiert. Die Notationsreihenfolge muss mit der Passagenreihenfolge übereinstimmen. Ein virtueller Variantentyp weist an mindestens einer Passage eine Variantenart auf. Kurse (M) in Kombination mit einem Doppelpunkt als Trennzeichen und einem Distanzindikator (D) lassen sich an jeder Passage der repräsentativen Wegstrecke und der alternativen Wegstrecken als Richtungssequenz ketten. Eine Richtungssequenz wird in einer weglosen Richtungssequenzzone verwendet, wenn mehrere signifikante Kurswechsel hintereinander auftreten. Das Vokabular der Himmelsrichtungen und Kurswinkel können sowohl an den Passagen als auch in einer Richtungssequenz gemischt auftreten. Ein Kurswinkel wird in einer Richtungssequenz immer dreistellig mit führenden Nullen notiert. Das Vokabular der Himmelsrichtungen lässt sich als initiierender Kurs (M) nicht beliebig ketten (z. B.: „N" und „NW"). Ein Doppelpunkt als Trennzeichen mit dem Distanzindikator (D) „00" regelt die Interpretation. Optional kann hinter einem Pluszeichen als Trennzeichen ein Kommentar $(K)^{**}$ hinzugefügt werden. Eine Kommentarsequenz** ist möglich. Ein Kommentar $(K)^{**}$ steht immer im Bezug zur repräsentativen Wegstrecke. Das Vokabular der Himmelsrichtungen oder ein Kurswinkel als Kommentar $(K)^{**}$ sind unzulässig ($\triangle$).

Im weglosen Gelände lassen sich mit einem virtuellen Variantentyp an einer oder an mehreren Passagen einer virtuellen Verzweigung eine oder mehrere alternative Wegstrecken typisieren und initiieren. Die Notationsreihenfolge des Vokabulars der Variantenarten $(V)^{**}$ mehrerer initiierender alternativer Wegstrecken an derselben Passage ist beliebig. Um bei der Interpretation Verwechslungen mit dem „W" für Wegspinne aus dem Vokabular der Verzweigungsarten (X) vorzubeugen, sollte an der ersten Passage als initiierender Kurs (M) ein Kurswinkel anstatt „WNW", „W" und „WSW" aus dem Vokabular der Himmelsrichtungen verwendet werden. In der Praxis verursacht die Anwendung keine Orientierungsprobleme, weil die Konstellationen im Gelände Fehlinterpretationen ausschließen (siehe Appendix A.3).

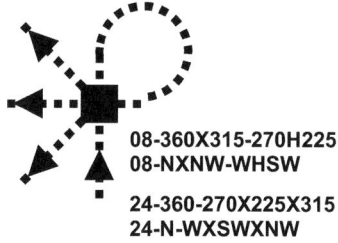

08-360X315-270H225
08-NXNW-WHSW

24-360-270X225X315
24-N-WXSWXNW

Wenn eine repräsentative Wegstrecke an einer virtuellen Verzweigung in umgekehrter Wanderrichtung fortgesetzt wird, dann kann der Anwender (Wanderer) mit dem empfohlenen individuellen Kommentar „NAV" darauf hingewiesen werden, dass die Orientierung besondere Aufmerksamkeit erfordert.

41-270X90+NAV
41-WXO+NAV ⚠   V42-AG

Eine virtuelle Verzweigung ist nur als initiierende navigationsrelevante Position einer Richtungssequenz zulässig, weil sie in einer weglosen Richtungssequenzzone nicht als Verzweigung, sondern stets als signifikanter Kurswechsel wahrgenommen wird. Bei der Notation einer Richtungssequenz treten als nicht initiierende Kurse (*M*) ausschließlich Kurse (*M*) in Kombination mit einem Doppelpunkt als Trennzeichen und einem Distanzindikator (*D*) auf. Demzufolge liegt auch bei alternativen Wegstrecken keine virtuelle Verzweigung vor, wenn sie von derselben Verzweigung aus mit denselben Kursen (*M*) in Kombination mit einem Doppelpunkt als Trennzeichen und einem Distanzindikatoren (*D*) auf verschiedene querfeldein verlaufende Wegstreckenabschnitte in einer Richtungssequenzzone verweisen (⚠).

16-270X360270:20X360090:20
16-WXN:00W:20XN:00O:20

Eine nicht repetierend genutzte virtuelle Verzweigung tritt auf einer repräsentativen Wegstrecke nur dann auf, wenn an der Verzweigung eine

oder mehrere alternativen Wegstrecken initiiert werden oder enden. Folglich kommt eine nicht repetierend genutzte virtuelle Verzweigung auf einem individuellen Wegstreckenabschnitt nicht vor, weil das Verfahren keine Subvarianten[*] unterstützt (⚠).
Die Positionssequenznummer (N)[**] wird an einem virtuellen Variantentyp standardmäßig angewendet. Signifikante Kurswechsel, die bei der zweiten und weiteren Passagen dicht vor oder dicht an der mit einem Wegpunkt[**] markierten repetierend genutzten virtuellen Verzweigung liegen, werden nicht notiert. Die Notation wird bei jeder Passage immer ausgehend von der mit einem Wegpunkt[**] markierten repetierend genutzten virtuellen Verzweigung interpretiert.

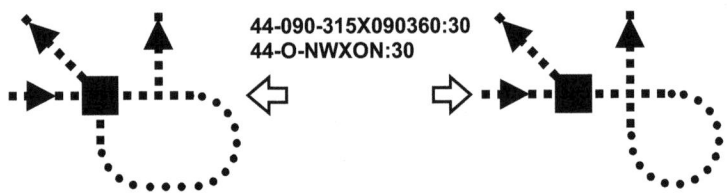

Gegebenenfalls lässt sich die Notation bei kritischen Konstellationen durch eine geschickte Verlagerung der mit einem Wegpunkt[**] markierten Position optimieren und dadurch die Interpretation vereinfachen. Die Positionierung des Wegpunkts[**] sollte mit Priorität die Navigation der repräsentativen Wegstrecke unterstützen.

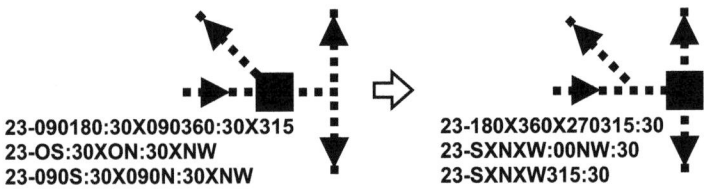

Mit der Variantenart „E" wird auf das Ende einer oder mehrerer mit dem Vokabular der Variantenarten (V)[**] initiierten alternativen Wegstrecken an den entsprechenden Passagen einer virtuellen Verzweigung hingewiesen. Die Notation der Variantenart „E" ist an jeder Passage nur einmal zulässig. Enden eine oder mehrere alternative Wegstrecken an einer Passage, an der eine oder mehrere alternative Wegstrecken initiiert werden, dann wird die Variantenart „E" als abschließende Variantenart notiert.

Endet eine einzige mit dem Vokabular der Variantenarten $(V)^{**}$ initiierte alternative Wegstrecke an einer oder an mehreren Passagen einer virtuellen Verzweigung, dann wird an den entsprechenden Passagen mit der Variantenart „E" und dem jeweils zutreffenden Kurs (M) darauf hingewiesen. Die repräsentative Wegstrecke kann an einer repetierend genutzten virtuellen Verzweigung selektiv fortgesetzt werden.

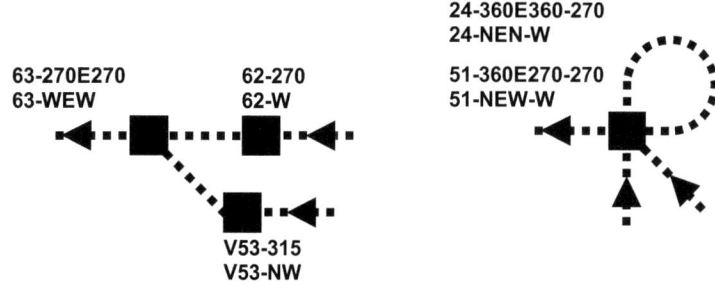

Endet eine alternative Wegstrecke in einer weglosen Richtungssequenz-zone mit einem oder mehreren signifikanten Kurswechsel, dann liegt es in der Verantwortung des Anwenders (Wanderer), zu der mit einem Wegpunkt** markierten virtuellen Verzweigung zu navigieren. Gegebenenfalls lässt sich die Notation bei kritischen Konstellationen durch eine geschickte Verlagerung der mit einem Wegpunkt** markierten Position optimieren und dadurch die Interpretation vereinfachen. Die Positionierung des Wegpunkts** sollte mit Priorität die Navigation der repräsentativen Wegstrecke unterstützen.

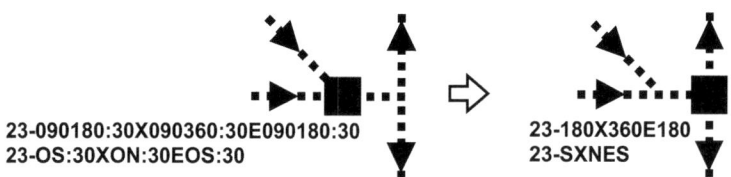

Enden mehrere mit dem Vokabular der Variantenarten $(V)^{**}$ initiierten alternativen Wegstrecken an derselben Passage einer virtuellen Verzweigung, dann wird die Variantenart „E" isoliert notiert. Eine direkte Navigation wird durch den Kurs (M) der repräsentativen Wegstrecke gewährleistet. Eine selektive Fortsetzung der repräsentativen Wegstrecke ist an einer repetierend genutzten virtuellen Verzweigung nicht möglich ($\triangle$).

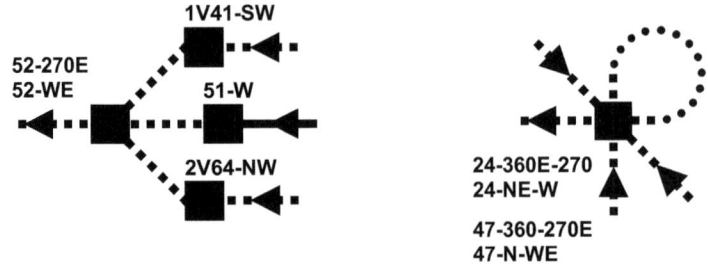

Enden eine einzige oder mehrere mit dem Vokabular der Variantenarten $(V)^{**}$ initiierten alternativen Wegstrecken an einer virtuellen Verzweigung und die repräsentative Wegstrecke wird in umgekehrter Wanderrichtung fortgesetzt, dann richtet sich die Navigation auf dem anschließenden repetierend genutzten Wegstreckenabschnitt der repräsentativen Wegstrecke nach dem Kurs (M) der letzten Passage der kursrelevanten lokalen Positionsnamen.

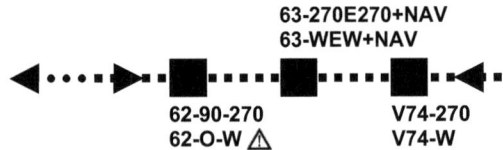

Wird eine Wanderung am Ende einer alternativen Wegstrecke auf einer alternativen Wegstrecke fortgesetzt, dann gewährleisten die Kurse (M) der beginnenden alternativen Wegstrecken eine direkte Navigation.

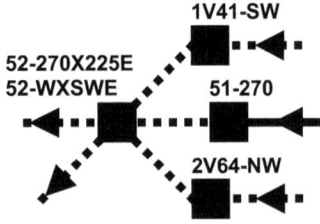

Wird eine Passage von einer alternativen Wegstrecke isoliert genutzt, dann wird unmittelbar hinter dem Minuszeichen die Variantenart „E" mit dem zutreffenden Kurs (M) notiert.

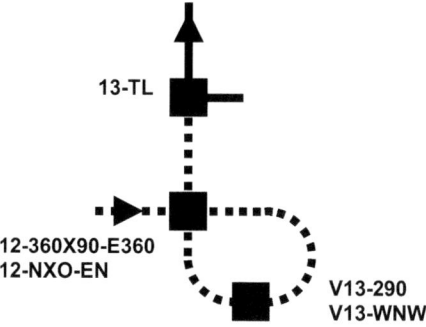

Die Variantenart „E" entfällt, wenn eine alternative Wegstrecke initiiert wird, deren Ausgangs- und Endpunkt identisch sind und die weder einen individuellen Wegstreckenabschnitt aufweist noch einen Wegstreckenabschnitt der Originalwanderung in umgekehrter Wanderrichtung nutzt.

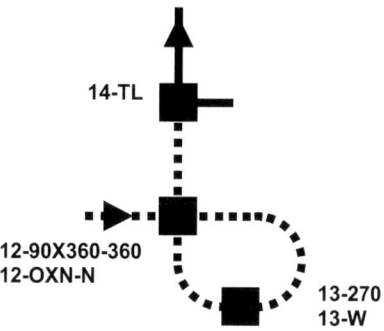

Existiert in einer Richtungssequenzzone ein realer Streckentyp, dann wird auf diesem realen Streckentyp eine geeignete Position in die protokollierte Wegstrecke integriert, um eine virtuelle Verzweigung zu vermeiden und eine bessere Positionsbestimmung zu erzielen (⚠).

Die Verfahrensweisen der folgenden Wegstreckenkonstellationen entsprechen im übertragenen Sinne denen der realen Streckentypen und sind bei querfeldein verlaufenden Streckentypen adäquat anzuwenden:

- Wegstreckenübergreifende Protokollierung einer Richtungssequenz.
- Kreuzungs- und Tangentialpunkt.
- Bidirektionale Konstellationen.

6.9.3 KOMPLEXE VARIANTENIDENTIFIKATION

Eine komplexe Variantenidentifikation wird bei alternativen Wegstrecken verwendet, wenn sich <u>lokale Positionsnamen</u> einer oder mehrerer querfeldein verlaufender protokollierter individueller Wegstreckenabschnitte nicht eindeutig notieren lassen. Eindeutige lokale Positionsnamen werden mit Variantennummern $(Z)^{**}$ sichergestellt.

Syntax: $\boxed{ZN\text{-}\underline{XS}_{1.1}\underline{S}_{1.2}\ldots\underline{S}_{1.x}\text{-}\underline{S}_{2.1}\underline{S}_{2.2}\ldots\underline{S}_{2.y}\ldots\text{-}\underline{S}_{n.1}\underline{S}_{n.2}\ldots\underline{S}_{n.z}\text{+}K}$

Die Notation wird mit einer Variantennummer $(Z)^{**}$ eingeleitet und mit der Syntax der korrespondierenden Navigationskomponente bündig ergänzt. Die Syntax der korrespondierenden Navigationskomponente beginnt mit einer Positionssequenznummer $(N)^{**}$ einer Variante. Die Notation einer komplexen Variantenidentifikation unterscheidet sich nicht von einer Variantenidentifikation**, wenn eine korrespondierende Navigationskomponente keinen Navigationsindikator (S) aufweist oder wenn alle Passagen und von Richtungssequenzen erfassten navigationsrelevanten Positionen auf realen Streckentypen verlassen werden.

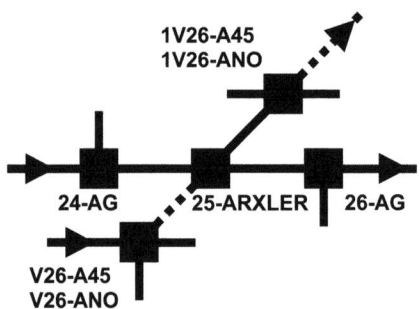

Die Verwendung einer Basisspezifikation**, eines <u>komplexen Variantentyps</u> oder eines <u>virtuellen Variantentyps</u> als korrespondierende Navigationskomponente und der Standardkommentar „VR" für einen rudimentären Variantenindikator** sind unzulässig ($\triangle$).

7 VOKABULAR DER STANDARDKOMMENTARE BEI QUERFELDEIN

Das Vokabular der Standardkommentare[**] steht für positionsrelevante Merkmale oder verfahrensrelevante Funktionen. Die formale Anwendung ist bei querfeldein verlaufenden Wegstrecken unverändert. Die Tabelle fasst das Vokabular der Standardkommentare[**] zusammen. Wenn in der Tabelle ein Standardkommentar mit einem Ausrufezeichen „!" versehen ist, dann liegen im Anschluss ergänzende Erklärungen hinsichtlich ihrer Anwendung bei querfeldein verlaufenden Wegstrecken vor. Ist ein Standardkommentar mit einem Gleichheitszeichen „=" gekennzeichnet, dann ist die Anwendung bei realen Streckentypen und querfeldein verlaufenden Streckentypen identisch.

Kommentar (K) ⊃ {	
! Abstecher	= AB,
! Alternativer Ausgangspunkt	= AP,
= Bachüberquerung, Furt	= BG,
! Ausstiegspunkt	= EP,
! Fixierpunkt	= FP,
= Gebäude	= GB,
= Georeliefform	= GF,
= Gasthaus	= GH,
= Gewässer	= GW,
= Konstruktive Komponente	= KK,
= Kulturkuriosität	= KT,
! Linkskurve, Linkskehre	= LK,
= Naturkuriosität	= NT,
= Panorama, Aussichtspunkt	= PM,
= Platz, Verzweigungsfläche	= PL,
= Quelle, Brunnen	= QL,
! Rechtskurve, Rechtskehre	= RK,
= Rastplatz	= RP,
= Ruine	= RN,
= Schutzhütte	= SH,
= Standortmarkierung	= SM,
= Auffangpunkt	= SP,
! Rudimentärer Variantenindikator	= VR,
! Demonstrativer Variantenindikator	= VD,
= Wendepunkt	= WP
}	

Das Vokabular der Standardkommentare[**] ist eine echte Teilmenge (⊃) der Kommentare (K)[**].

7.1   ABSTECHER

Ein Abstecher beginnt und endet an derselben Position auf einer protokollierten Wegstrecke und führt zu einer Position abseits der protokollierten Wegstrecke. Der kursrelevante lokale Positionsname wird mit dem Standardkommentar „AB" ergänzt. Der Standardkommentar „AB" weist auf einen oder mehrere Abstecher hin. Die Wegstrecke eines Abstechers wird nicht protokolliert und erfordert solide Kenntnisse[*].

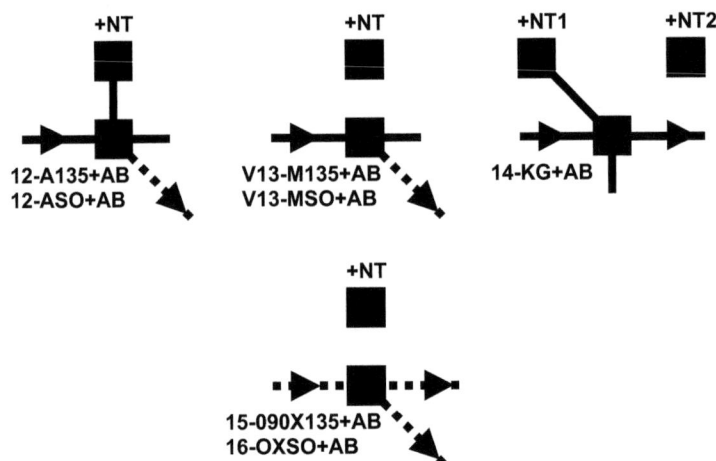

Der Standardkommentar „AB" informiert einen Anwender (Wanderer) auf protokollierten Wegstrecken mit querfeldein verlaufenden Streckentypen lediglich über eine günstige Ausgangsposition für einen oder mehrere beachtenswerte Abstecher. Die Notation liefert keine Information über die Anzahl der potenziellen Abstecher und den Streckentyp, mit dem die Wegstrecke eines Abstechers beginnt. Folglich kann an einer Abzweigung, an der zwei reale Streckentypen von einer protokollierten Wegstrecke belegt sind, oder an einer Navigationsmarke, an der die protokollierte Wegstrecke in umgekehrter Wanderrichtung fortgesetzt wird, nicht mehr indirekt auf die Wegstrecke eines einzigen Abstechers geschlossen werden (⚠).

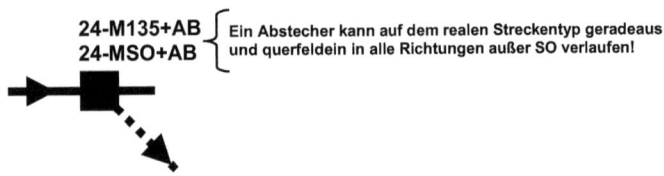

24-M135+AB ⎰ Ein Abstecher kann auf dem realen Streckentyp geradeaus
24-MSO+AB ⎱ und querfeldein in alle Richtungen außer SO verlaufen!

Wenn ein oder mehrere Abstecher durch wegloses Gelände führen und an einer Position auf einem realen Streckentyp beginnen, an der sich keine Verzweigung befindet, dann wird als Attraktion** darauf hingewiesen.

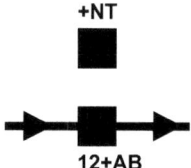

Wenn ein oder mehrere Abstecher durch wegloses Gelände führen und an einer Position auf einem querfeldein verlaufenden Streckentyp beginnen, an der sich keine <u>virtuelle Verzweigung</u> befindet, dann wird auf einem unidirektional verlaufenden Wegstreckenabschnitt ein <u>Kurspunkt</u> und auf einem bidirektional verlaufenden Wegstreckenabschnitt ein <u>virtueller Repetiertyp</u> notiert.

Auf einen oder mehrere Abstecher, die an einer Position auf einem querfeldein verlaufenden Streckentyp beginnen und durch wegloses Gelände führen, kann als Attraktion** hingewiesen werden, wenn sich die protokollierte querfeldein verlaufende Wegstrecke an der Position unverkennbar fortsetzt, weil die Geländekonstellation die Kontinuität aufrechterhält (z. B.: Flusslauf, Berggrat, Waldsaum, usw.).

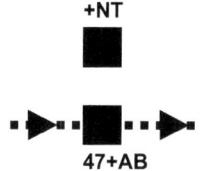

7.2   ALTERNATIVER AUSGANGSPUNKT

Ein alternativer Ausgangspunkt liegt auf einer protokollierten Wegstrecke und wird auf einem realen Streckentyp erreicht. Er erlaubt den zeitlichen Ablauf einer Wanderung zu modifizieren. Der kursrelevante lokale Positionsname wird mit dem Standardkommentar „AP" ergänzt. Ein alternativer Ausgangspunkt tritt auf einem querfeldein verlaufenden Wegstreckenabschnitt der protokollierten Wegstrecke an einer komplexen Verzweigung auf. Die Wanderrichtung wird mit dem zutreffenden Kurs (M) bestimmt.

Ein alternativer Ausgangspunkt ist im weglosen Gelände unzweckmäßig und daher als Standardkommentar bei einem Kurspunkt, einem virtuellen Repetiertyp und einer virtuellen Verzweigung zu vermeiden (△).

7.3   AUSSTIEGSPUNKT

Ein Ausstiegspunkt liegt auf einer protokollierten Wegstrecke und erlaubt eine Wanderung geordnet abzubrechen. Der kursrelevante lokale Positionsname wird mit dem Standardkommentar „EP" ergänzt. Der Standardkommentar „EP" weist auf einen oder mehrere signifikante Anschlusswege* hin. Ein Anschlussweg* wird nicht protokolliert und erfordert solide Kenntnisse*.

Der Standardkommentar „EP" informiert einen Anwender (Wanderer) auf protokollierten Wegstrecken mit querfeldein verlaufenden Streckentypen lediglich über eine günstige Ausgangsposition für einen geordneten Abbruch der Wanderung. Die Notation liefert keine Information über die Anzahl der potenziellen Anschlusswege* und den Streckentyp, mit dem ein Anschlussweg* beginnt. Folglich kann an einer Abzweigung, an der zwei reale Streckentypen von einer protokollierten Wegstrecke belegt sind, oder an einer Navigationsmarke, an der die protokollierte Wegstrecke in umgekehrter Wanderrichtung fortgesetzt wird, nicht mehr indirekt auf einen einzigen Anschlussweg* geschlossen werden (⚠).

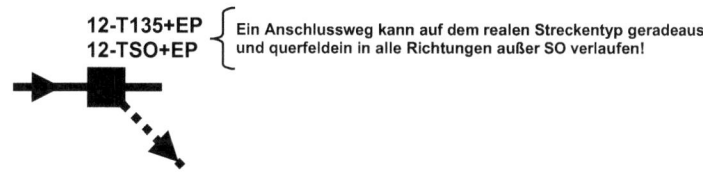

Wenn ein oder mehrere Anschlusswege* durch wegloses Gelände führen und an einer Position auf einem realen Streckentyp beginnen, an der sich keine Verzweigung befindet, dann wird als Attraktion** darauf hingewiesen.

14+EP

Wenn ein oder mehrere Anschlusswege* durch wegloses Gelände führen und an einer Position auf einem querfeldein verlaufenden Streckentyp beginnen, an der sich keine virtuelle Verzweigung befindet, dann wird auf einem unidirektional verlaufenden Wegstreckenabschnitt ein Kurspunkt und auf einem bidirektional verlaufenden Wegstreckenabschnitt ein virtueller Repetiertyp notiert.

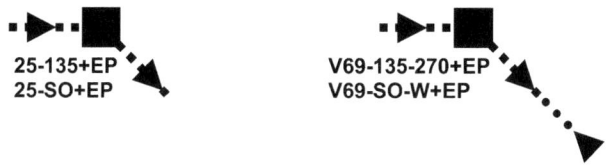

Auf einen oder mehrere Anschlusswege[*], die an einer Position auf einem querfeldein verlaufenden Streckentyp beginnen und durch wegloses Gelände führen, kann als Attraktion[**] hingewiesen werden, wenn sich die protokollierte querfeldein verlaufende Wegstrecke an der Position unverkennbar fortsetzt, weil die Geländekonstellation die Kontinuität aufrechterhält (z. B.: Flusslauf, Berggrat, Waldsaum, usw.).

49+EP

7.4   FIXIERPUNKT

Liegen auf einem protokollierten Wegstreckenabschnitt mehrere Verzweigungen mit strukturellen Eigenschaften dicht hintereinander und die
navigationsrelevante Verzweigung wird nicht als erste erreicht, dann kann
sie als Fixierpunkt markiert werden. Bei einem Fixierpunkt wird nur für
die navigationsrelevante Verzweigung ein Wegpunkt** (Waypoint) gesetzt. Der kursrelevante lokale Positionsname der navigationsrelevanten
Verzweigung wird mit dem Standardkommentar „FP" ergänzt. Die
Notation wird immer ausgehend von der mit dem Wegpunkt** markierten
navigationsrelevanten Verzweigung interpretiert. Als navigationsrelevante
Verzweigung sind eine klassische Verzweigung, eine Navigationsmarke
oder eine komplexe Termination zulässig.
Wenn die protokollierte Wegstrecke an einer navigationsrelevanten
Verzweigung auf einem querfeldein verlaufenden Streckentyp fortgesetzt
wird, dann ist der zutreffende Kurs (*M*) zu notieren.

Wenn eine Navigationsmarke als navigationsrelevante Verzweigung
auftritt, dann liegt keine wahrnehmbare strukturelle Eigenschaft vor und
die Genauigkeit der Positionsbestimmung hängt von der Qualität des
eingesetzten GNSS-Empfängers* und der Güte der empfangenen Satellitensignale ab (△).

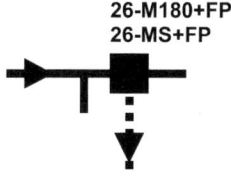

Die erste der nicht protokollierten Verzweigungen vor einem Fixierpunkt
weist mindestens einen realen Streckentyp auf und kann sowohl auf einem
realen Streckentyp als auch auf einem querfeldein verlaufenden Streckentyp erreicht werden. Eine komplexe Verzweigung ist als erste der nicht
protokollierten Verzweigungen vor einem Fixierpunkt lokalisierbar, wenn
sie eine wahrnehmbare strukturelle Eigenschaft aufweist.

24-A180+FP
24-AS+FP

15-A180+FP
15-AS+FP

Eine komplexe Navigationsmarke weist als erste der nicht protokollierten Verzweigungen vor einem Fixierpunkt keine wahrnehmbare strukturelle Eigenschaft auf. Wahrnehmbar ist der reale Wegstreckenabschnitt, der die Position des Treffpunkts beherbergt. Die exakte Position auf dem realen Streckentyp ist nicht lokalisierbar. Der Anwender (Wanderer) kann mit dem empfohlenen individuellen Kommentar „NAV" darauf hingewiesen werden, dass die Orientierung bis zu der navigationsrelevanten Verzweigung besondere Aufmerksamkeit erfordert.

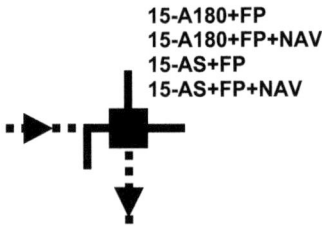

15-A180+FP
15-A180+FP+NAV
15-AS+FP
15-AS+FP+NAV

Wenn auf dem Wegstreckenabschnitt zwischen der ersten der nicht protokollierten Verzweigungen und der navigationsrelevanten Verzweigung querfeldein verlaufende Streckentypen existieren, dann können komplexe Navigationsmarken auftreten. Eine komplexe Navigationsmarke weist keine wahrnehmbare strukturelle Eigenschaft auf. Deshalb wird der Anwender (Wanderer) mit dem empfohlenen individuellen Kommentar „NAV" darauf hingewiesen, dass die Orientierung besondere Aufmerksamkeit erfordert. Bei derartigen Konstellationen ist es empfehlenswert, die Notation eines Fixierpunkts während der Wegstreckenprotokollierung (Scouting) möglichst zu vermeiden (⚠).

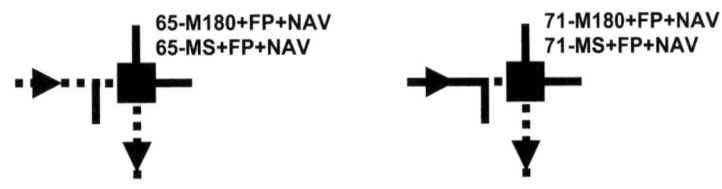

65-M180+FP+NAV
65-MS+FP+NAV

71-M180+FP+NAV
71-MS+FP+NAV

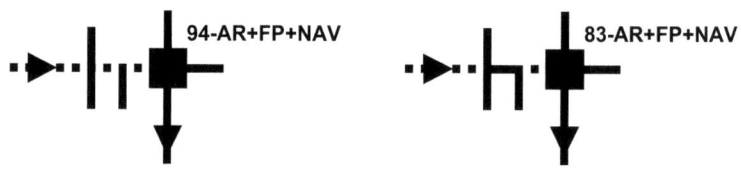

94-AR+FP+NAV   83-AR+FP+NAV

In der Praxis werden an den nicht protokollierten Verzweigungen vor einem Fixierpunkt durch querfeldein verlaufende Streckentypen keine unüberwindbaren Orientierungsprobleme verursacht, weil auf den Geräteanzeigen (Displays) der GNSS-Empfänger[*] Positionsnamen[**] bereits bei einer Distanz um die 50 m zwischen zwei Wegpunkten[**] übersichtlich dargestellt werden. Eine Fehlorientierung lässt sich bei extremen Geländekonstellationen gegebenenfalls verhindern, indem mit der Zielpunktnavigation (GoTo) die mit einem Wegpunkt[**] markierte navigationsrelevante Verzweigung anvisiert wird.

Ein Fixierpunkt ist im weglosen Gelände irrelevant und daher als Standardkommentar bei einem Kurspunkt, einem virtuellen Repetiertyp und einem virtuellen Variantentyp unzulässig (⚠).

7.5   LINKSKURVE UND RECHTSKURVE

Ein kursrelevanter <u>lokaler Positionsname</u> mit dem Standardkommentar „LK" für Linkskurve oder mit dem Standardkommentar „RK" für Rechtskurve markiert auf einem protokollierten realen Wegstreckenabschnitt ein positionsrelevantes Merkmal. Auf einem protokollierten querfeldein verlaufenden Wegstreckenabschnitt wird mit den Standardkommentaren „LK" und „RK" auf den Trend einer unbestimmten Kursänderung aufmerksam gemacht. Dadurch wird für den Anwender (Wanderer) die Orientierung im weglosen Gelände vereinfacht, weil auf eine Kursbestimmung verzichtet werden kann. Die Anwendung setzt bei querfeldein verlaufenden Wegstrecken voraus, dass der Wegstreckenverlauf im Anschluss unmissverständlich weiterführt und die Geländekonstellation die Kontinuität (z. B.: Flusslauf, Berggrat, Waldsaum, usw.) aufrechterhält. Die Genauigkeit der Positionsbestimmung hängt im weglosen Gelände von der Qualität des eingesetzten GNSS-Empfängers[*] und der Güte der empfangenen Satellitensignale ab (⚠).

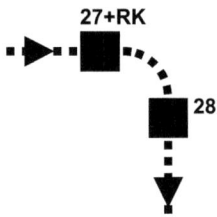

7.6   RUDIMENTÄRER VARIANTENINDIKATOR

Ein rudimentärer Variantenindikator[**] markiert auf der repräsentativen Wegstrecke den Beginn einer oder mehrerer alternativer Wegstrecken. Er wird auf einer repräsentativen Wegstrecke mit querfeldein verlaufenden Wegstreckenabschnitten ausschließlich am Ausgangspunkt verwendet. Die Basisspezifikation[**] am Ausgangspunkt wird mit dem Standardkommentar „VR" ergänzt.

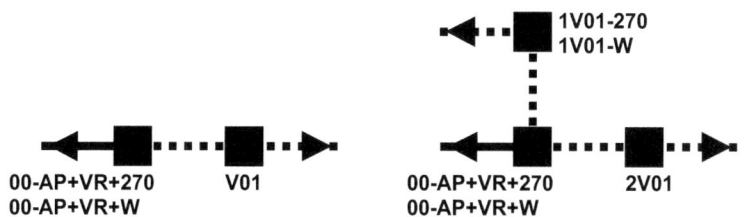

Der Standardkommentar „VR" informiert einen Anwender (Wanderer) auf protokollierten Wegstrecken mit querfeldein verlaufenden Streckentypen lediglich darüber, dass am Ausgangspunkt eine oder mehrere protokollierte individuelle Wegstrecken beginnen. Die Notation liefert keine Information über die Anzahl der protokollierten individuellen Wegstrecken und den Streckentyp, mit dem eine protokollierte individuelle Wegstrecke beginnt. Damit am Ausgangspunkt die einzuschlagende Wanderrichtung für eine querfeldein verlaufende individuelle Wegstrecke abgeschätzt werden kann, ist sicherzustellen, dass ein kursrelevanter lokaler Positionsname mit einer Positionssequenznummer (N)[**] einer Variante an einer leicht zugänglichen Position in angemessener Distanz existiert. Die einzuschlagende Wanderrichtung wird durch indirekte Navigation bestimmt. Die Anwendung setzt im weglosen Gelände grobe Kenntnisse[*] der alternativen Wegstrecken voraus (⚠).

Ein Standardkommentar „VR" kann vermieden werden, indem der Ausgangspunkt verlagert und an der Position mit einem komplexen Variantentyp beziehungsweise einem virtuellen Variantentyp auf den Beginn einer oder mehrerer alternativer Wegstrecken hingewiesen wird.

Wenn die Notation mit einem rudimentären Variantenindikator[**] am Ausgangspunkt keine navigationsrobuste Interpretation gestattet und eine Verlagerung des Ausgangspunkts eher irritiert, dann ist zu prüfen, ob es nicht zweckmäßiger ist, anstatt einer oder mehrere Varianten, Originalwanderungen mit separaten Wegpunktesätzen (Set of Waypoints) zu erstellen. Wenn eine mit einem rudimentären Variantenindikator[**] markierte alternative Wegstrecke mit einem querfeldein verlaufenden Streckentyp endet, dann wird der Anwender (Wanderer) mit dem empfohlenen individuellen Kommentar „NAV" darauf hingewiesen, dass die Orientierung besondere Aufmerksamkeit erfordert. Der empfohlene individuelle Kommentar „NAV" wird dem in Wanderrichtung letzten kursrelevanten lokalen Positionsnamen der individuellen Wegstrecke hinzugefügt. Dahinter trifft die individuelle Wegstrecke auf die repräsentative Wegstrecke. Der Treffpunkt ist mit einem kursrelevanten lokalen Positionsnamen der repräsentativen Wegstrecke markiert. Es liegt in der Verantwortung der Wegstreckenprotokollierung (Scouting) auf eine geschickte Platzierung des letzten kursrelevanten lokalen Positionsnamens der individuellen Wegstrecke zu achten (⚠).

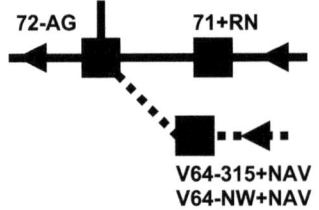

74

7.7 DEMONSTRATIVER VARIANTENINDIKATOR

Ein demonstrativer Variantenindikator[**] markiert auf der repräsentativen Wegstrecke und auf einer protokollierten alternativen Wegstrecke den Beginn einer oder mehrerer potentieller individueller Wegstrecken. Der kursrelevante lokale Positionsname wird mit dem Standardkommentar „VD" ergänzt. Eine potentielle individuelle Wegstrecke wird nicht protokolliert und erfordert solide Kenntnisse[*].

48-A135+VD
48-ASO+VD

63-090X135+VD
63-OXSO+VD

Der Standardkommentar „VD" informiert einen Anwender (Wanderer) auf einer protokollierten Wegstrecke mit querfeldein verlaufenden Streckentypen lediglich darüber, dass an der Position eine oder mehrere potentielle alternative Wegstrecken beginnen. Die Notation liefert keine Information über die Anzahl der potentiellen individuellen Wegstrecken und den Streckentyp, mit dem eine potentielle individuelle Wegstrecke beginnt. Folglich kann an einer Abzweigung, an der zwei reale Streckentypen von einer protokollierten Wegstrecke belegt sind, oder an einer Navigationsmarke, an der die protokollierte Wegstrecke in umgekehrter Wanderrichtung fortgesetzt wird, nicht mehr indirekt auf die Wegstrecke einer einzigen potentiellen individuellen Wegstrecke geschlossen werden (⚠).

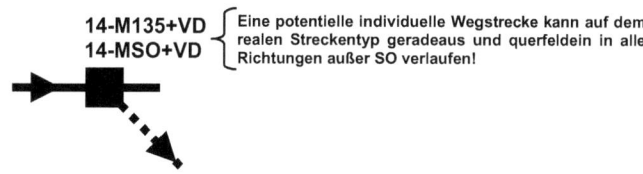

14-M135+VD
14-MSO+VD

Eine potentielle individuelle Wegstrecke kann auf dem realen Streckentyp geradeaus und querfeldein in alle Richtungen außer SO verlaufen!

Wenn eine oder mehrere potentielle individuelle Wegstrecken durch wegloses Gelände führen und an einer Position auf einem realen Streckentyp beginnen, an der sich keine Verzweigung befindet, dann wird als Attraktion[**] darauf hingewiesen.

12+VD

Wenn eine oder mehrere potentielle individuelle Wegstrecken durch wegloses Gelände führen und an einer Position auf einem querfeldein verlaufenden Streckentyp beginnen, an der sich keine virtuelle Verzweigung befindet, dann wird auf einem unidirektional verlaufenden Wegstreckenabschnitt ein Kurspunkt und auf einem bidirektional verlaufenden Wegstreckenabschnitt ein virtueller Repetiertyp notiert.

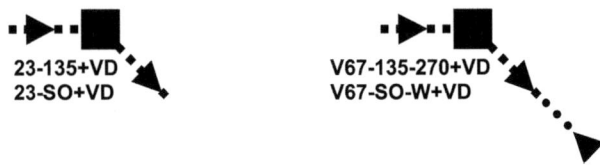

Auf eine oder mehrere potentielle individuelle Wegstrecken, die an einer Position auf einem querfeldein verlaufenden Streckentyp beginnen und durch wegloses Gelände führen, kann als Attraktion[**] hingewiesen werden, wenn sich die protokollierte querfeldein verlaufende Wegstrecke an der Position unverkennbar fortsetzt, weil die Geländekonstellation die Kontinuität aufrechterhält (z. B.: Flusslauf, Berggrat, Waldsaum, usw.).

8   REGIONALER POSITIONSNAME BEI QUERFELDEIN

Regionale Positionsnamen ergänzen den Einsatz eines Wegpunktesatzes (Set of Waypoints) mit Informationen signifikanter Positionen in einem Wandergebiet. Sie müssen innerhalb einer Region eindeutig sein und sich beliebig vielen regionalen Wegstrecken zuordnen lassen. Regionale Positionsnamen mit einer positionsrelevanten Belegung lassen sich in eine reale Wegstrecke harmonisch integrieren. Eine positionsrelevante Belegung liegt vor, wenn auf einem realen Streckentyp eine Position mit einem regionalen Positionsnamen erreicht und im Anschluss auf einem einzig möglichen und im Gelände unmissverständlich wahrnehmbaren realen Streckentyp kontinuierlich fortgesetzt wird. Im weglosen Gelände liegt eine positionsrelevante Belegung vor, wenn auf einem querfeldein verlaufenden Streckentyp eine Position mit einem regionalen Positions-namen erreicht und im Anschluss auf einem einzigen querfeldein verlaufenden Streckentyp unverkennbar fortgesetzt werden kann, weil die Geländekonstellation die Kontinuität aufrechterhält (z. B.: Flusslauf, Berggrat, Waldsaum, usw.).

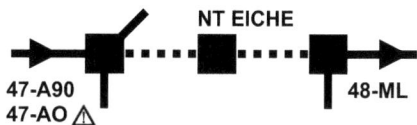

Eine Disharmonie wird durch regionale Positionsnamen provoziert, die auf einer regionalen Wegstrecke eine navigationsrelevante Position belegen. Eine navigationsrelevante Belegung lässt sich unter bestimmten Voraussetzungen restriktiv harmonisieren. Die Anwendung setzt grobe Kenntnisse[*] der Wegstrecke voraus. Dies verursacht bei Wegstrecken mit querfeldein verlaufenden Streckentypen keine zusätzlichen Nachteile, weil im weglosen Gelände grundlegende Kenntnisse der Wegstrecke generell empfehlenswert sind.

Wenn eine mit einem regionalen Positionsnamen belegte navigationsre-levante Position auf einem querfeldein verlaufenden Streckentyp erreicht und auf einem realen Streckentyp verlassen wird, dann lässt sich an einer komplexen Verzweigung eine Disharmonie restriktiv harmonisieren. Der weiterführende reale Streckentyp übernimmt die Führung bis zu der in angemessener Distanz mit einem Wegpunkt[**] (Waypoint) markierten Position. Gegebenenfalls sind ungenutzte reale Streckentypen mit jeweils einem Auffangpunkt[**] als separater Wegpunkt zu markieren.

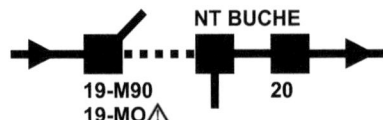

NT BUCHE

19-M90
19-MO⚠

20

Wenn eine mit einem regionalen Positionsnamen belegte navigations-relevante Position auf einem realen Streckentyp erreicht und auf einem querfeldein verlaufenden Streckentyp verlassen wird, dann lässt sich an einer komplexen Termination eine Disharmonie restriktiv harmonisieren, wenn ein einziger weiterführender querfeldein verlaufender Streckentyp unverkennbar die Kontinuität bis zu der in angemessener Distanz mit einem Wegpunkt[**] (Waypoint) markierten Position aufrechterhält.

NT TANNE

33-AG

34

Wenn ein regionaler Positionsname eine komplexe Navigationsmarke oder eine komplexe klassische Verzweigung belegt, dann sind die ungenutzten realen Streckentypen mit jeweils einem Auffangpunkt[**] als separater Wegpunkt zu markieren. Die Interpretation derartiger Notationen ist in der Praxis für einen Anwender (Wanderer) unzumutbar und sollte daher von der Wegstreckenprotokollierung (Scouting) vermieden werden (⚠).

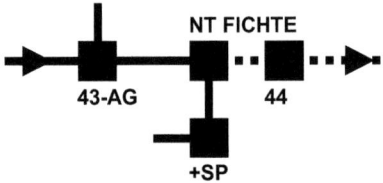

NT FICHTE

43-AG

44

+SP

Regionale Positionsnamen, die auf einem querfeldein verlaufenden Stre-ckentyp erreicht und im Anschluss in umgekehrter Wanderrichtung verlassen werden, lassen sich nur dann harmonisch integrieren, wenn die Geländekonstellation die Kontinuität auf dem bidirektional genutzten Wegstreckenabschnitt eindeutig sicherstellt. Es liegt in der Verantwortung der Wegstreckenprotokollierung (Scouting) die Notation sorgfältig abzu-wägen, weil in der Praxis bei derartigen Konstellationen im weglosen Gelände die Interpretation durch den Anwender (Wanderer) zu Irrita-tionen neigt.

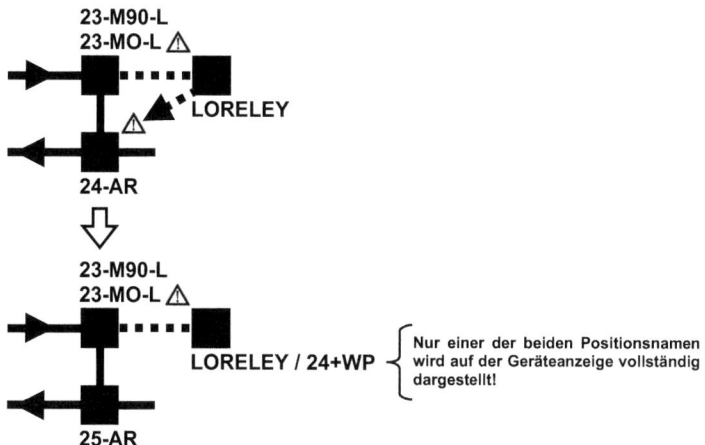

23-M90-L
23-MO-L ⚠

LORELEY

⚠

24-AR

23-M90-L
23-MO-L ⚠

LORELEY / 24+WP { Nur einer der beiden Positionsnamen wird auf der Geräteanzeige vollständig dargestellt!

25-AR

Eine Disharmonie ist auf Wegstrecken mit querfeldein verlaufenden Streckentypen unvermeidbar, wenn ein regionaler Positionsname eine virtuelle Verzweigung belegt oder wenn die Geländekonstellation die Kontinuität des weiterführenden querfeldein verlaufenden Streckentyps nicht eindeutig aufrechterhält. Belegungen mit unvermeidbaren Disharmonien, die auf realen Wegstreckenabschnitten auftreten, behalten ihre Gültigkeit (⚠).

Regionale Positionsnamen sollten auf Wegstrecken mit querfeldein verlaufenden Streckentypen generell nicht restriktiv harmonisiert werden, sondern als optionale Ergänzung eines Wegpunktesatzes (Set of Waypoints) zur Verfügung stehen. Ein Anwender (Wanderer) ermittelt an einer mit einem regionalen Positionsnamen belegten Position den kursrelevanten lokalen Positionsnamen und stellt damit die weitere Orientierung sicher.

9   GLOSSAR

- Anschlussweg: Ein Anschlussweg verbindet eine Position abseits einer protokollierten Wegstrecke mit einer Verzweigung auf einer proto-kollierten Wegstrecke. Ein Anschlussweg wird nicht protokolliert und kann in beiden Wanderrichtungen genutzt werden.

- Asymmetrische Kreuzung: An einer asymmetrischen Kreuzung treffen vier reale Streckentypen zusammen, deren Richtungen sich aus der momentanen Wanderposition heraus mit dem Vokabular der Elementarrichtungen $(R)^{**}$ nicht eindeutig beschreiben lassen. Das ist der Fall, wenn zum Beispiel zwei reale Streckentypen nebeneinander auf eine Hauptstrecke treffen.

- Asymmetrische komplexe Abzweigung: Eine asymmetrische komplexe Abzweigung setzt sich aus drei realen Streckentypen zusammen. Sie wird auf einem querfeldein verlaufenden Streckentyp erreicht und auf einem der realen Streckentypen verlassen, dessen Richtung sich aus der momentanen Wanderposition heraus mit dem Vokabular der Elementarrichtungen $(R)^{**}$ nicht eindeutig beschreiben lässt.

- Basisrestriktionen: Für Wegstrecken, die sich aus realen Streckentypen zusammensetzten, wird neben der allgemeingültigen Syntax auch eine restriktive Syntax behandelt, um die Kompatibilität des Verfahrens mit möglichst vielen handelsüblichen GNSS-Empfängern* zu gewährleisten. Die syntaktischen Einschränkungen liegen als Basisrestriktionen vor. Sie begrenzen den Positionsnamen** auf 10 Zeichen und schließen Kleinbuchstaben aus.

- GNSS-Empfänger: Bei einem Empfänger für globale Navigations-satellitensysteme (Global Navigation Satellite Systems) handelt es sich um ein portables Gerät, das die Signale eines oder mehrerer globaler Navigationssatellitensysteme wie zum Beispiel GPS, GLONASS, Galileo oder Beidou empfangen und für die Positionsbestimmung und Navigation verarbeiten kann (z. B.: Outdoor-Handgeräte oder Smart-phones mit geeigneter Applikation).

- Kenntnisse: Wenn eine Notation im Gelände keine direkte Navigation gewährleistet, dann benötigt ein Anwender (Wanderer) Kenntnisse der Wegstrecke. Das Verfahren unterscheidet zwischen groben und soliden Kenntnissen. Grobe Kenntnisse werden empfohlen, wenn bei der Orientierung indirekt navigiert werden muss. Solide Kenntnisse werden vorausgesetzt, wenn eine Notation die Navigation nicht reguliert.

- Rundwanderung: Bei der elementaren Rundwanderung befinden sich der Ausgangspunkt und der Endpunkt der Wegstrecke an derselben geographischen Position. Die Wegstrecke weist ausschließlich einfach genutzte Teilstrecken auf und wird in einer Wanderrichtung durchlaufen. Eine Rundwanderung liegt als Mischstruktur vor, wenn sie neben den einfach genutzten Teilstrecken auch bidirektional oder mehrfach in einer Wanderrichtung genutzte Teilstrecken aufweist.

- Skurrile Tendenzen: Typologien mit skurrilen Tendenzen liegen vor, wenn der Ausgangs- oder Endpunkt bei Streckenwanderungen* mehr als einmal und bei Ziel*- und Rundwanderungen* mehr als zweimal erreicht werden.

- Streckenwanderung: Bei der elementaren Streckenwanderung befinden sich der Ausgangspunkt und der Endpunkt der Wegstrecke an verschiedenen geographischen Positionen. Die Wegstrecke weist ausschließlich einfach genutzte Teilstrecken auf und wird in einer Wanderrichtung durchlaufen. Eine Streckenwanderung liegt als Mischstruktur vor, wenn sie neben den einfach genutzten Teilstrecken auch bidirektional oder mehrfach in einer Wanderrichtung genutzte Teilstrecken aufweist.

- Subvariante: Eine Subvariante liegt vor, wenn an einer Verzweigung einer alternativen Wegstrecke eine alternative Wegstrecke initiiert wird.

- Zielwanderung: Bei der elementaren Zielwanderung befinden sich der Ausgangspunkt und der Endpunkt der Wegstrecke an derselben geografischen Position. Die Wegstrecke wird bidirektional genutzt. Der Hinweg unterscheidet sich vom Rückweg durch die Wanderrichtung. Eine Zielwanderung liegt als Mischstruktur vor, wenn sie neben den bidirektional genutzten Teilstrecken auch einfach oder mehrfach in einer Wanderrichtung genutzte Teilstrecken aufweist.

A.1 FINALE VERFAHRENSSYNTAX

Die finale Verfahrenssyntax umfasst zwei allgemeingültige Formulierungen, aus denen die jeweilige Syntax einer Navigationskomponente für die Protokollierung realer Streckentypen und querfeldein verlaufender Streckentypen extrahiert wird.

Syntax:

$$ZN - B+K$$

$$ZN - XS_{1.0.1}S_{1.0.2} \ldots S_{1.0.a}$$
$$V_{1.1}\ S_{1.1.1}S_{1.1.2} \ldots S_{1.1.b} \ldots V_{1.x}\ S_{1.x.1}S_{1.x.2} \ldots S_{1.x.c}$$
$$- S_{2.0.1}S_{2.0.2} \ldots S_{2.0.d}$$
$$V_{2.1}\ S_{2.1.1}S_{2.1.2} \ldots S_{2.1.e} \ldots V_{2.y}\ S_{2.y.1}S_{2.y.2} \ldots S_{2.y.f} \ldots$$
$$- S_{n.0.1}S_{n.0.2} \ldots S_{n.0.g}$$
$$V_{n.1}\ S_{n.1.1}S_{n.1.2} \ldots S_{n.1.h} \ldots V_{n.z}\ S_{n.z.1}S_{n.z.2} \ldots S_{n.z.i}$$
$$+ K$$

Der Navigationsindikator (S) umfasst eine Wertemenge, die sich aus syntaktischen Elementen zusammensetzt. Er kann für eine extrahierte Syntax durch einen seiner Werte substituiert werden.

$$S := \{R, RA, M, M{:}D\}$$

Die finale Verfahrenssyntax und die extrahierten Syntaxen der Navigationskomponenten setzen sich aus Abbreviaturen und Fluchtsymbolen zusammen. Wenn bei einer extrahierten Syntax eine Abbreviatur oder ein Fluchtsymbol unterstrichen ist, dann ist die Notation optional. Die Darstellung einer extrahierten Syntax resultiert aus einer isolierten Betrachtung. Um eine syntaktisch korrekte Notation abzuleiten, ist deshalb immer zu prüfen, welche der optionalen Abbreviaturen oder Fluchtsymbole gleichzeitig entfallen können. Die Korrelationen der Abbreviaturen oder Fluchtsymbole untereinander sind den Beschreibungen der Navigationskomponenten zu entnehmen.
Auf eine Konsolidierung der Verfahrenssyntax zu einer einzigen allgemeingültigen Formulierung wird bewusst verzichtet, um der besonderen Bedeutung des Ausgangs- und Endpunkts, die zwei der fünf Attribute für den elementaren Aufbau einer Wanderung repräsentieren, gerecht zu werden. Theoretisch lässt sich eine Konsolidierung durch die Einführung des „Vokabulars der Verfahrenstypen" realisieren, unter dem das angepasste Vokabular der Basisspezifikationen (B)[**] und das Vokabular der Verzweigungsarten (X) aufgehen würden. Damit wäre

auch am Ausgangspunkt eine direkte Navigation für den Beginn einer Variante mit dem Vokabular der Variantenarten $(V)^{**}$ gewährleistet. Dieser kleine Makel lässt sich auf vertretbare Weise durch einfache Verlagerung des Ausgangpunkts kompensieren.

Im Folgenden eine Übersicht der von dem Verfahren verwendeten Abbreviaturen und Fluchtsymbole:

ABBREVIATUREN	
A	Abbiegungsnummer**
B	Vokabular der Basisspezifikationen**
D	Distanzindikator
K	Kommentar**
M	Kurs
N	Positionssequenznummer**
R	Vokabular der Elementarrichtungen**
S	Navigationsindikator
V	Vokabular der Variantenarten**
X	Vokabular der Verzweigungsarten
Z	Variantennummer**
FLUCHTSYMBOLE	
-	Das Minuszeichen leitet das Vokabular der Basisspezifikationen $(B)^{**}$, das Vokabular der Verzweigungsarten (X) und an einer repetierend genutzten Verzweigung weitere Passagen ein.
+	Das Pluszeichen leitet einen Kommentar $(K)^{**}$ ein und dient als Trennzeichen innerhalb einer Kommentarsequenz**.
:	Der Doppelpunkt leitet einen Distanzindikator (D) ein.

A.2   KURSWINKELBESTIMMUNG BEI QUERFELDEIN

Bei querfeldein verlaufenden Wegstrecken werden für die Navigation das
Vokabular der Himmelsrichtungen und Kurswinkel verwendet. Das
Vokabular der Himmelsrichtungen umfasst die gängigen Abkürzungen
einer Windrose mit 16er-Teilung wie zum Beispiel N für Nord oder SSW
für Südsüdwest und die Kurswinkel belegen den Wertebereich von 0 bis
360 für den Vollwinkel in Grad (°).
Vor der Wegstreckenprotokollierung (Scouting) wird festgelegt, ob sich
ein Kurs auf geografisch Nord oder magnetisch Nord bezieht. Die
verwendeten Geräte (GNSS-Empfänger[*] / Bussole) sind vom Anwender
(Wanderer) entsprechend einzustellen.
Die Kursbestimmung und die Kursinterpretation müssen nach einheit-
lichen Regeln erfolgen, um eine zuverlässige Anwendung ohne Irrita-
tionen zu garantieren. Das Vokabular der Himmelsrichtungen und die
Kurswinkel bestimmen im weglosen
Gelände die Richtung, die an einer
navigationsrelevanten Position einzu-
schlagen ist. Die Richtung (Kurs) wird
von einer navigationsrelevanten Posi-
tion (Ausgangsposition) zu einer anzuvisierenden Position (Zielposition)
bestimmt und der Winkel zwischen der Nordrichtung und der Wanderrichtung im Uhrzeigersinn gemessen.
Ob ein Kurswinkel oder das Vokabular der Himmelsrichtungen zum
Einsatz kommt, ist von Fall zu Fall zu entscheiden. Es ist immer die
Notation zu verwenden, die sich bei der Navigation am besten interpretieren lässt. Wer das Vokabular der Himmelsrichtungen verwendet, der
braucht sich über geringe Winkelabweichungen keine Gedanken zu
machen und vermeidet Verwechslungen mit anderen numerischen
Kommentaren $(K)^{**}$. Enthält ein Wegpunktesatz (Set of Waypoints) zum
Beispiel Höhenangaben als Kommentare $(K)^{**}$, dann wären diese bis
360 m ü. NN explizit zu kennzeichnen. Daher empfiehlt es sich in den
meisten Fällen, zunächst den Kurswinkel zu bestimmen und ihn anschlie-
ßend in das Vokabular der Himmelsrichtungen zu übersetzen. Weicht bei
der Anwendung der gemessene Kurs von dem vorgegebenen geringfügig
ab, dann sollte die gemessene Abweichung bei allen weiteren Kursanga-
ben ebenfalls berücksichtigt werden. Im Regelfall werden die Richtungs-
ermittlungen während der Wegstreckenprotokollierung (Scouting) eines
Wegpunktesatzes mit demselben Gerät (GNSS-Empfänger[*] / Bussole) und
unveränderten Geräteeinstellungen (Kalibrierung / Missweisung) vorge-
nommen.

A.3   INKONSISTENZ DER VOKABULARE

Dieser Diskurs untersucht inwieweit der Buchstabe „W" für Wegspinne aus dem Vokabular der Verzweigungsarten (X) und für Westen aus dem Vokabular der Himmelsrichtungen syntaktische Inkonsistenzen bei der Interpretation eines Positionsnamens[**] hervorrufen. Eine syntaktische Inkonsistenz liegt vor, wenn ein Positionsname[**] keine eindeutige Interpretation gewährleistet. Wenn bei einem kursrelevanten lokalen Positionsnamen hinter der Positionssequenznummer (N)[**] und dem Minuszeichen als Trennzeichen der Buchstabe „W" auftritt, dann wird er bei einem realen Streckentyp als Wegspinne und bei einem querfeldein verlaufenden Streckentyp als die Himmelsrichtung Westen beziehungsweise als erstes Zeichen der Himmelsrichtungen Westnordwesten oder Westsüdwesten interpretiert. Somit lassen die folgenden kursrelevanten lokalen Positionsnamen zwei Interpretationen zu:

Lokaler Positionsname	Navigationskomponente / Interpretation	Alternativer lokaler Positionsname
24-WNW	Komplexer Verzweigungstyp „Wegspinne NW"	24-W315
	Kurspunkt „Himmelsrichtung WNW"	24-290
35-WSW	Komplexer Verzweigungstyp „Wegspinne SW"	35-W225
	Kurspunkt „Himmelsrichtung WSW"	35-240
47-WNWSW:20	Komplexer Verzweigungstyp „Wegspinne NW > SW"	47-W315225:20
	Kurspunkt „Himmelsrichtung WNW > SW"	47-290225:20

Eine Fehlinterpretation wird vermieden, wenn anstatt „WNW" und WSW" ein Kurswinkel notiert wird.
Ein isoliert notiertes „W" ohne Kommentar (K)[**] steht für Westen, weil das Verfahren bei querfeldein verlaufenden Streckentypen keine Basisrestriktionen[*] unterstützt. Das Verfahren toleriert ein isoliert notiertes „W" mit dem Standardkommentar „PL" bei einer Wegspinne, wenn aufgrund der unbestimmten Anzahl an realen Streckentypen die Navigation an einer schwer überschaubaren Verzweigungsfläche nicht praxisgerecht sichergestellt werden kann.

Lokaler Positionsname	Navigationskomponente / Interpretation	Alternativer lokaler Positionsname
35-W	Kurspunkt „Himmelsrichtung W"	35-270
12-W+PL	Verzweigungstyp mit Kommentar** „Wegspinne"	12-W+PL+225 12-W+PL+SW
	Kurspunkt „Himmelsrichtung W"	12-270+PL

Im weglosen Gelände wird eine Fehlinterpretation vermieden, wenn anstatt „W" ein Kurswinkel notiert wird.

Ein „W" steht für Wegspinne, wenn das Vokabular der Elementarrichtungen $(R)^{**}$ oder ein Kurs (M) folgt, der keinen Distanzindikator (D) oder einen Distanzindikator (D) „00" aufweist. Der Buchstabe „W" steht für Westen oder als erstes Zeichen der Himmelsrichtungen Westnordwesten oder Westsüdwesten, wenn ausschließlich Kurse (M) folgen, die einen Distanzindikator (D) größer „00" aufweisen.

Lokaler Positionsname	Navigationskomponente / Interpretation	Alternativer lokaler Positionsname
24-WN	Komplexer Verzweigungstyp „Wegspinne N"	24-W360
28-WN:15	Kurspunkt „Himmelsrichtung W > N"	28-270360:15 28-W360:15 △ 28-270N:15
34-WN:00W:15	Komplexer Verzweigungstyp „Wegspinne N > W"	34-W360270:15 34-WN270:15 34-W360W:15
52-W:00NW:15	Kurspunkt „Himmelsrichtung W > NW"	52-270315:15 52-W315:15 △ 52-270NW:15
18-WN:00W	Komplexer Verzweigungstyp „Wegspinne N > W"	18-W360270 18-WN270 18-W360W

Fazit: In der Praxis verursachen syntaktische Inkonsistenzen mit dem Buchstaben „W" bei kursrelevanten lokalen Positionsnamen keine Orientierungsprobleme, weil die Konstellationen im Gelände Fehlinterpretationen ausschließen. In der Theorie lassen sich Irritationen vermeiden, wenn hinter der Positionssequenznummer $(N)^{**}$ und dem Minuszeichen als Trennzeichen der Buchstabe „W" ausschließlich für eine Wegspinne benutzt wird und die Himmelsrichtungen „WNW", „W" und „WSW" durch Kurswinkel ersetzt werden.